2017년
개정판

불·교·입·문

2017년
개정판

불·교·입·문

고통에서 벗어나 행복하고 자유롭게 살고 싶다는 바람은 모든 사람의 보편적인 소망일 것입니다. 그 소망을 이루기 위해 아무리 돈과 권력을 좇아도 그것은 영원하지 않은 일시적 위안거리에 불과합니다. 그러기에 사람들은 부서지지 않는 영원한 행복을 종교에서 찾습니다.

물질문명이 고도로 발달한 현대에 들어서도 사람들은 여전히 마음의 평화와 안정을 희구합니다. 탈종교화 현상이 가속화되고 있긴 하지만, 참다운 나를 찾고 진정한 쉼을 얻고자 많은 사람이 수행과 명상에 관심을 쏟고 있습니다.

일찍이 부처님께서는 불안과 고통에서 벗어나 마음의 평화와 행복에 이르는 길을 자상하게 제시해 주셨습니다. 따라서 우리들이 부처님의 가르침대로 살아가면 결코 사라지지 않는 아늑한 곳에서 진정한 자유와 행복을 누릴 수 있습니다.

이 책은 불교에 처음 입문한 사람들이 불교의 신행 구조, 불교의 기본적인 가르침과 실천 방법, 다양한 수행법과 의례, 그리고 불교 문화 전반을 쉽게 이해할 수 있도록 안내하고 있습니다. 단순한 교리 이해를 뛰어넘어 생활 속에서 실현 가능한 실천 방향 또한 담아

내었습니다.

『불교입문』은 1996년 발간된 이래 많은 사람에게 불교를 소개한 베스트셀러입니다. 그동안 훌륭하게 제 역할을 해 왔지만 시대의 변화에 맞게 내용 역시 대폭 개편될 필요가 있다는 의견을 반영하여 개정판을 발간하게 되었습니다.

이 책은 혼자 읽기에 큰 무리가 없을 정도로 평이하게 서술되어 있습니다. 혼자 읽어도 좋겠지만 조계종 신도기본교육 교재라는 편찬 목적에 맞게 가까운 사찰이나 교육기관에서 지도를 받으며 읽어 나가면 더욱 도움이 될 것입니다.

『불교입문』이 간행되기까지 애써 주신 신도교재편찬위원회와 집필위원들에게 깊은 감사를 드립니다. 그리고 이 책이 불교를 바르게 이해하여 참되고 복된 삶을 살고자 하는 사람들에게 바른 길잡이 역할을 할 수 있기를 기대합니다.

불기 2561(2017)년 5월

대한불교조계종 포교원장 **지홍**

차
례

간행사 •4

1장. 왜 종교를
       가져야 하는가 • *12*
       종교의 의미와 불교의 특징

1. 삶의 의미와 종교   14
2. 현대사회에서의 종교   19
   1) 종교의 의미와 가치   19
   2) 종교에 미혹되는 사람들   22
   3) 종교의 세 가지 유형에 대한 부처님의 가르침   24
3. 불교를 믿는 이유   27
   1) 불교의 특징   27
   2) 나는 왜 불교를 찾는가   29

2장. 불교에서
       무엇을 믿고 이룰 것인가 • *32*
       믿음의 중요성과 불보살님들

1. 가장 근본이 되는 것은 믿음   34
2. 믿음은 무엇이며, 무엇을 믿어야 할까   37
3. 불보살님은 어떤 분인가   42
   1) 지혜와 자비를 완벽하게 갖춘 부처님   42
   2) 중생 구제에 매진하는 보살님   46
   3) 이로움을 베푸는 신중님   52

3장. 석가모니 부처님은 어떤 분이고
어떻게 사셨는가 • 58
부처님의 생애와 전법

1. 부처님의 생애   60
   1) 안락한 왕자 시절   60
   2) 인생의 문제에 직면하다   62
   3) 출가하다   65
   4) 스승을 찾아 나아가다   67
   5) 보리수 아래에서 수행하다   69
   6) 깨닫다   71
   7) 세상으로 나아가다   72
   8) 완전한 열반에 들다   74
2. 부처님의 제자들   79

4장. 부처님의 가르침을 통해
무엇을 배울 것인가 • 86
부처님의 가르침과 삶의 방향

1. 법에 깃들어 있는 의미   88
2. 우리가 알고 실천해야 할 부처님의 가르침들   91
   1) 세상이 지니고 있는 세 가지 속성(삼법인)   91
   2) 네 가지 성스러운 진리(사성제와 팔정도)   96
   3) 행복과 불행은 누가 주는가(업과 인과법)   101
   4) 세상은 서로 의지해서 존재한다(연기법)   104
   5) 극단에 치우치지 않는 삶(중도)   107
   6) 걸림 없는 삶(공과 마음)   109

5장. 불자로서 지켜야 할
      계율과 윤리란 무엇인가 • *114*
      불자의 계율과 윤리

1. 삼귀의계, 불자로 살겠다는 다짐   118
2. 오계, 불자가 지켜야 할 다섯 가지 계율   121
3. 칠불통계게, 악을 멈추고 선을 행하라   126
4. 참회, 업장을 씻고 새로운 인생을 살다   130
5. 불자의 윤리와 도덕   135

6장. 삶의 평온을 위한 신행 생활
      어떻게 할 것인가 • *138*
      수행의 종류와 방법

1. 신행, 믿음과 수행이 함께하다   140
2. 계율 · 선정 · 지혜가 함께하는 수행   144
   1) 수행의 중심 내용은 계 · 정 · 혜 삼학   144
   2) 수행의 종류   146
3. 기도, 불보살님의 가피로 수행 정진에 힘을 더하다   155
4. 기도 · 수행하는 마음가짐과 방법   158
5. 가정에서의 신행 생활   163

7장. 불자는 무엇을 실천해야
행복하게 살 수 있는가 · 168
아름다운 사람, 보살로 사는 길

1. 보살의 삶   170
2. 육바라밀   172
    1) 보시바라밀   172
    2) 지계바라밀   176
    3) 인욕바라밀   177
    4) 정진바라밀   179
    5) 선정바라밀   180
    6) 반야바라밀   181
3. 사람들을 포용하는 방법   183
    1) 사섭법   183
    2) 사무량심   185
4. 보현행원, 보살로 살아가려는 자의 열 가지 서원   188
5. 사홍서원, 네 가지 넓고도 큰 서원   195

8장. 왜 예불을 드리고
법회에 참석해야 하나 · 198
예불과 법회의 의미와 가치

1. 매일같이 불보살님을 생각하며 정성을 다하다   200
    1) 예불, 불보살님께 예배드리다   201
    2) 헌공, 불보살님께 공양을 올리다   205
2. 법회로 지혜를 밝히고 가피를 구하다   208
    1) 법회, 불 · 법 · 승 삼보와 함께하는 자리   208
    2) 다양하게 열리는 법회와 불교 명절   211

9장. 수행과 전법, 그리고 문화가 살아 있는
    사찰은 어떤 곳인가 • 222
    사찰의 기능과 역할

1. 수행하기 좋고, 전법하기 좋은 곳에 위치한 사찰   224
2. 사찰 곳곳에 담겨 있는 진리의 향기   230
    1) 극락교 건너 만나는 사찰의 장엄물   232
    2) 부처님 세계로 들어가는 사찰의 문   234
    3) 부처님의 지혜와 복덕이 충만한 곳, 법당   241
    4) 말없이 이어지는 불멸의 삼보   244
    5) 수행이 살아 있는 사찰의 생활 공간, 요사   247
3. 부처님 가르침과 함께하는 법구   250
    1) 중생을 제도하기 위한 불전사물   250
    2) 신행 생활 속 주요한 법구   252

10장. 부처님과 보살님은
     어떤 모습을 하고, 어떤 역할을 하나 • 256
     불상의 마음과 그 상징물

1. 불상을 대하는 마음가짐   258
    1) 부처님에 대한 존경과 그리움으로 불상을 모시다   258
    2) 부처님께 예배 공양하여 위없는 도를 얻다   260
2. 불보살님을 만나는 기쁨   263
    1) 불보살님 알아보기   263
    2) 법당과 불보살님   265

11장. 대한불교조계종의 불자는 무엇을 알고 실천해야 하나 • 284
대한불교조계종의 가치와 지향

1. 대한불교조계종이라는 이름의 의미	286
1) 대한불교조계종이란	286
2) 조계종이라는 이름의 유래	288
3) 조계종의 종지와 소의경전	289
2. 한국불교의 역사와 함께하는 대한불교조계종	293
1) 종조, 도의 국사	294
2) 중천조, 보조 지눌 국사	295
3) 중흥조, 태고 보우 국사	296
4) 근현대의 조계종단	297
3. 대한불교조계종 종단의 구조와 역할	300
1) 중앙 조직	300
2) 지역 조직	302
3) 산하 조직 및 교육 기관	302
4. 조계종도의 신행 활동	305
1) 불자와 신도	305
2) 한국불교의 새로운 신행 풍토 조성을 위해	307

부록

불자의 자세와 예절	312
우리말 예불문	329
우리말 반야심경	332
신행 청규/공동체 청규	334

1장

왜 종교를
가져야 하는가

종교의 의미와 불교의 특징

평창 상원사 문수전 선재동자상(ⓒ문화재청)

학습목표

* 종교는 왜 필요하며, 종교의 역할은 무엇인지 살펴본다.
* 다른 종교와 구별되는 불교의 특징을 이해한다.

01 / 삶의 의미와 종교

어느 날 이른 아침, 부처님은 길을 나섰다. 마을에서 가장 부유한 노인이 삶을 마칠 것을 내다보시고 서둘러 그의 집으로 향한 것이다. 그가 살아오면서 단 한 번도 인생에 대해 진지하게 생각하지 않았으며, 자신을 돌아볼 시간도 가져 보지 못한 채 삶을 마치게 될 것이 안타까웠기 때문이다.

마침 노인은 집을 증축하는 공사를 하던 참이었다. 부처님은 그에게 다가가 이야기를 나누려 했지만 노인은 바빠서 말을 나눌 시간이 없노라고 했다. 어쩔 수 없이 부처님은 그냥 돌아서 나와야 했다. 하지만 부처님이 몇 걸음을 채 떼기도 전, 집안에서 비명소리와 함께 구슬픈 울음소리가 터져 나왔다. 서까래가 떨어져 노인이 세상을 떠났기 때문이다.

이 이야기는 『법구비유경』에 나오는 것이다. 부처님이 그날 아침 노인과 나누려고 했던 이야기는 무엇이었을까? 경전에는 나와 있지 않지만 한번 상상해 보자.

우리는 행복을 좇으면서 살아간다. 세상 사람들이 말하는 행복의 조건을 하나씩 갖추기 위해 열심히 노력하고, 노력한 결과가 이루어지면 뿌듯해 한다. 그러고 나면 삶의 목표는 조금 더 커지고 우리는 좀 더 커진 행복의 조건을 채우기 위해 살아간다.

하지만 아무리 노력해도 일이 뜻대로 되지 않을 때가 있다. 그럴 때는 크게 실망하고 절망하게 마련이다. 그런 때 어떤 사람은 절망을 딛고 다시 일어서지만, 어떤 사람은 좌절한 그 자리에서 일어나지 못한다.

우리의 삶은 이렇다. 게다가 행복의 조건은 늘 변하게 마련이라 열심히 노력해서 그 조건을 채운다 해도 죽을 때까지 끝내 만족하지 못한다. 단 한 번도 진실로 행복을 누려 보지 못한 채 행복의 조건만 채우다가 삶을 마치는 것이다.

도대체 왜 이렇게 행복하려고 애를 쓰는지, 그렇게 해서 잠시 맛보는 행복은 왜 영원히 만족감을 안겨 주지 않는지, 인간은 어떻게 해야 진실로 행복해질 수 있고, 두려움이나 불만족이 없는 삶을 살 수 있는지에 대해 진지하게 생각해 보는 사람은 그리 많지 않다. 대부분의 사람들은 남들이 사는 대로 살면서 세상이 제시하는 조건을 좇으며 남의 눈치를 보느라 남의 인생을 살다가 스스로의 삶을 마치게 된다. 게다가 남을 따라 사느라 이런저런 업을 짓고, 그 업이 불러오는 과보는 자기 자신이 받는다. 그러는 가운데 울고 웃고 정신없이 한 세월을 보내는 것이 우리들 보통 사람의 삶이다.

세상에서 가장 소중한 것은 나 자신인데 단 한 번도 나는 어떤 사람이고, 나에게 어떤 가치가 있는지를 진정으로 생각해 보지 못한다면 얼마나 안타까운 일인가.

이렇게 말하면 내 인생이니 참견하지 말라고 하는 사람도 있을 것이고, 인생이란 게 본래 그러하니 어쩔 수 없다고 말하는 사람도 있을 것이다. 하지만 세상 사람들이 너도나도 추구하는 삶을 살면서 왜 행복하게 웃는 시간보다 두려워하고, 슬퍼하고, 근심하는 시간이 더 많은 것일까?

아마 부처님은 그날 아침 노인에게 단 한순간이라도 자기 인생의 진짜 주인으로 살아갈 여지를 안겨 주고 싶었을 것이다.

경전에는 이와 비슷한 이야기가 아주 많은데, 다른 경전에는 젊디젊은 청년의 이야기가 있다.

부처님께서 깨달음을 이루신 지 얼마 지나지 않았을 때 있었던 일이다.

한 청년이 이른 새벽 집을 뛰쳐나왔다. 그 청년의 이름은 야사, 그 집의 외동아들이었다.

야사의 집안은 아주 부유해서, 그는 모든 쾌락을 누릴 수 있었다. 지난밤에도 야사의 집에서는 평소와 다름없이 커다란 잔치가 벌어졌다. 아름답기 그지없는 무희들이 악기로 음악을 연주하며 노래를 부르고 관능적인 춤을 추는 가운데 야사는 향기로운 술을 마시며 잔치를 즐겼다. 술과 욕정이 밤늦도록 흐르는 가운데, 어느 순간 야사는 술에 취해 곯아떨어졌고, 무희들도 악기를 아무 데나 팽개치고 쓰러져 잠들었다.

이른 새벽, 야사는 문득 눈을 떴다. 주변을 둘러보자 지난밤에는 그토록 눈을 홀리며 몸과 마음을 흥분시켰던 여인들이 피로를 이기지 못하고 여기저기 뒹굴며 시체처럼 자고 있었다. 야사는 어젯밤 그토록 화려했던 여인들의 모습에서 죽음을 보고 절규한다.

"오, 괴롭다. 아, 끔찍하다."

야사는 허무하고 고통스러운 마음에 집에서 뛰쳐나와서 이리저리 헤매었다. 그러다가 "그대여, 이리 오시게. 여기에는 괴로움이 없다네."라고 이끄는 소리를 듣고 숲으로 들어가 부처님을 만나게 되었다.

야사는 괴롭고 고통스러운 마음을 부처님에게 토로했다. 그리고 그 자리에서 부처님으로부터 위안을 얻고 진정한 즐거움, 부서지지 않는 행복의 길로 나아갈 수 있는 가르침을 들었다.

야사에게는 그 어떤 것도 부족하지 않았다. 집안의 부와 명예, 젊고 아리따운 신부, 밤마다 이어지는 쾌락의 향연…. 하지만 그 끝에서 무엇이 야사를 기다리고 있었을까?

물론 모든 사람이 허무하고 고통스러운 마음이 든다고 야사처럼 집을 뛰쳐나와 부처님이 계신 숲으로 향하지는 않을 것이다. 하지만 살면서 한 번이라도 집이라는 울타리, 직장, 사회 등 경계 안을 진지하게 들여다볼 필요가 있다. 이런 삶이 진정 우리가 원하던 것이었는지를 돌이켜봐야 한다. 야사처럼 집을 나오지 않더라도, 자신의 삶을 부정하지 않더라도 지금의 삶에 진정한 가치를 담기 위해 깊이 고민하고 또 고민해 봐야 한다. 그래야 인생이 부질없거나 허무하지 않다. 세상살이의 고통과 즐거움에 진지한 고민이 더해지고 깊은 사색이 실렸을 때 인생을 알차게 꾸려 갈 수 있기 때문이다. 이렇게 덧없는 인생에 진정 귀한 가치를 심어 주는 역할을 하는 것이 바로 종교다.

02 현대사회에서의 종교

1) 종교의 의미와 가치

세상에는 많은 종교가 있다. 불교를 비롯해서 천주교와 개신교, 힌두교와 이슬람교, 그리고 유교 등 수많은 종교가 이 세상 70억이 넘는 사람들의 마음을 지배하고 있다.

그렇다면 종교란 무엇일까? 사람들은 '종교'를 인간보다 더 뛰어난 어떤 절대적이고 유일한 존재가 인간의 행불행을 좌우하므로 그 존재를 믿고 의지하는 것이라고 생각한다. '종교'라는 말에 해당하는 영어 단어 릴리젼(religion)을 신과 인간의 재결합이라고 해석하는 경우가 바로 이와 같은 생각을 바탕으로 내린 정의다.

이와 달리 절대적인 존재인 신에 대한 믿음보다는 세상 저변에 흐르고 있는 어떤 이치를 믿고 그에 순응해서 살아가는 것이 종교적 삶이라고 생각하는 이들도 있다.

힘들고 곤란한 문제에 부딪혔을 때 자신보다 더 강한 존재에게 의지하고 싶은 것이 인간의 보편적인 마음이다. 더구나 아주 절박

한 상황이나 인간의 힘으로는 해결하기 어려운 문제에 부딪혔을 때 아주 강력하고 위대한 존재에게 구원을 청하고 싶은 것은 한계를 지닌 인간으로서 자연스러운 일이다. 그러나 절대적이고 위대한 신의 존재에 대해서 의문을 표하는 사람도 많다. 심지어 '신은 인간의 필요에 의해 만들어진 존재'라고 주장하는 과학자도 있다. 그리고 절대적인 신을 내세우지 않는 종교도 여럿 존재한다.

하지만 인간의 궁극적이고 근원적인 문제에 대한 관심과 그 해결이 종교의 영역인 것만은 분명하다. 세상일이 자신에게 좋은 쪽으로만 흘러도 사람들이 종교를 찾게 될까? 즐거움을 만끽하기만 할 테고, 고민할 일도 없을 것이다. 그러나 삶은 그렇지 않다. 늘 뭔가 부족하고 뜻대로 되지 않아 애를 써야 한다. 이럴 때 사람들은 종교를 찾는다. 그래서 종교를 인간이 살아가면서 부딪치는 문제에 대해 고민하고 그 해결책을 찾는 과정이라고 규정하기도 한다.

나아가 종교는 모든 것이 그 가치와 의미를 잃었을 때, 그 상실감과 허무함을 해결해 주는 역할을 하기도 한다. 죽음에 직면했을 때라든가 사랑하는 연인이나 자식과 영영 헤어졌을 때, 평생을 바쳐 이뤄 놓은 것이 일순간 물거품처럼 사라졌을 때, 절체절명의 위기에 직면했을 때, 돈이나 명예, 학문 등 세상의 그 어느 것에서도 만족과 해답을 얻지 못했을 때 우리는 종교를 찾는다. 종교는 바로 그 지점에서 답을 주고 빛을 발한다. 그런 의미에서 종교는 최고의 가르침이라 할 수 있다. 그래서 최고의 가르침이라는 뜻으로 마루종(宗) 자를 써서 종교(宗敎)라고 일컫는다.

현대에 들어서는 종교에서 마음의 안정과 평화를 찾는 사람들이 많다. 불안과 두려움이 엄습하기도 하고, 무한경쟁사회를 살아가는 과정에서 이런저런 갈등으로 인해 마음이 아프고 힘들어 지쳐 가기 때문이기도 하다. 이런 사람들은 종교를 통해 지극한 평화와 탁 트인 자유를 찾는다.

이렇게 종교는 비바람 몰아치는 바다에서 만난 섬과 같다. 사람들에게 삶의 궁극적인 문제에 대한 해결책을 주고, 마음의 평화와 지극한 행복을 안겨 주는 역할을 한다. 아울러 고통받는 사람들에게는 구원의 메시지를 전해 준다.

종교 중에는 신을 매개로 하는 종교와 그렇지 않은 종교가 있다. 불교는 신의 존재를 전적으로 부정하지 않지만, 신에게 의존한다고 인생의 궁극적이고 근원적인 문제가 해결된다고 보지 않는다. 진리를 통찰하고 진리에 맞게 실천 수행하며 살아갈 때, 고통으로부터 해탈한다. 구원의 주인공은 진리를 자각한 자기 자신인 것이다. 그렇다면 불교에서 신앙의 대상인 불보살님은 어떤 역할을 하는가? 부처님은 지혜와 자비의 손길로 우리의 눈을 뜨게 해서 고통에서 벗어나는 길을 보여 주며 그 길을 잘 따라갈 수 있게 이끌어 주고 도와주며 두려움을 없애 주신다. 보살님 또한 각자 맡은 영역에서 우리들을 도와주고 이끌어 주며 힘과 평화를 주신다.

2) 종교에 미혹되는 사람들

인생의 근원적인 문제를 깊이 고민하면서 진실한 길을 찾는 것이 종교의 역할이지만, 사람들은 이런 역할을 반기지 않는 것 같다. 여전히 어떤 절대자나 인간을 초월한 신비스런 대상이 해결해 주기를 바라기 때문이다. 『백유경』에 이런 우화가 있다.

> 한 할머니가 나무 밑에서 잠을 자다가 갑자기 곰에게 습격을 받았다. 자신을 후려치려던 곰의 앞발을 눌러 간신히 위기를 모면한 할머니는 마침 지나가던 청년을 보고 꾀를 내어 도움을 청했다.
> "이봐요, 청년! 나 좀 도와주구려. 내 대신 이 곰 앞발을 눌러 주면 그 사이에 얼른 이 녀석을 잡아서 곰 고기를 나눠 주겠소."
> 청년이 그 말에 현혹되어 할머니 대신 곰의 앞발을 잡은 순간 할머니는 삼십육계 줄행랑을 쳤다. 청년은 곰에게 아주 혹독하게 당하고 말았다. 마을 사람들은 이 청년을 두고서 "이런 바보 멍청이."라며 비웃었다.

이 세상에는 참으로 많은 종교와 철학 사상과 이론이 있다. 그런데 이 중에는 사람들에게 진정으로 이로운 가르침이 있는가 하면, 사람들을 엉뚱한 방향으로 끌고 가는 종교나 이론가들도 많다. 그들은 자기 말에 책임도 지지 못하면서 마치 자기 생각과 주장이 진리라는 듯 사람들에게 거침없이 쏟아붓는다. 이 이야기에 등장하는 할머니는 바로 이렇게 무책임한 종교가를 비유한다.

세상에는 번드레한 말을 들었을 때 '진짜 그런가?'라며 진지하게 생각해 보는 사람이 있는가 하면, 귀가 얇아서 남의 말을 그냥 믿어 버리는 사람 또한 많다. 귀가 얇은 사람은 대체로 '당신이 행복해지려면 이런 일을 해야 한다'는 말에 마음이 많이 흔들린다. '이런 일을 하면 당신은 부자가 된다'든지, '이런 일을 해야 자식이 잘된다', '이렇게 해야 병이 낫는다'는 말을 들으면 불을 향해 날아드는 나방처럼 앞뒤 가리지 않고 덤벼든다. 곰 고기를 나누어 주겠다는 말에 속아 할머니를 대신해 곰 앞발을 잡았다가 곤욕을 치른 청년은 바로 이런 사람을 비유한다.

세상에는 사람들을 구원해 준다는 길이 너무나 많다. 그런데 어떤 것이 바른 길인지 보통 사람들은 가려내기가 쉽지 않다. 웬만큼 수행하고 공부한 사람도 어떤 종교가 바른 길인지를 진지하게 생각하지 못하고 '믿으면 좋은 일이 생긴다'는 주장에 솔깃해 한다. 일단 내게 뭔가를 안겨 주면 그걸로 그만이라고 생각해서, 급한 마음에 덥석 붙잡는 경우가 비일비재하다.

하지만 더 안타까운 일은 이렇게 아무것이나 믿고 의지해서 자신을 망치고 가정이 깨졌을 때 세상 사람들은 속인 사람이 아니라 거기에 속아 넘어간 사람을 비웃는다는 것이다. 결국 곤욕을 치르고 비웃음을 당한 사람은 청년이 아니었던가. 세상은 그런 청년을 순수하다고 하지 않고 어리석다고 비웃기에 우리는 현명해야 한다. 어떤 종교를 믿을 것인가 아니, 어떻게 신앙생활을 해야 나도 행복해지고 가정도 행복해지고 사회가 더불어 행복해질 것인가를 끊임없이 묻고 또 물어야 한다. 나만 행복해지려다 보면 곰 고기를 나눠 주겠다는 할머니 말에 속아 넘어가 낭패를 본 청년과 다를 바 없다는 사실을 기억해야 한다.

3) 종교의 세 가지 유형에 대한 부처님의 가르침

부처님 말씀이 담긴 경전 가운데 『중아함경』 제3권 13경에 이런 가르침이 실려 있다.

> 어느 때 부처님께서 여러 비구에게 말씀하셨다.
>
> "이 세상에는 지혜가 있다고 자처하는 사람들이 진리라고 주장하는 세 가지가 있다. 사람들은 살아가면서 이 세 가지 가운데 하나에 의지하는데, 그런 주장을 믿고 따르는 사람은 아무런 이익도 얻지 못한다. 어떤 것이 그 세 가지인가?
>
> 첫째는, '사람이 지금 이 세상에서 하는 모든 행위는 전부 지난 세상에 결정된 것이며 바꿀 수가 없다'는 주장이다.
>
> 둘째는, '이 세상 모든 것은 절대자와 같은 전지전능한 존재가 창조했고, 인간의 행불행은 그런 존재에 의해 좌지우지된다'는 주장이다.
>
> 셋째는, '이 세상 모든 것은 그 어떤 원인이나 조건이 없이 그냥 멋대로 일어났다가 사라지는 우연의 연속일 뿐이다'라는 주장이다."

부처님은 왜 이 세 가지가 아무런 이익을 주지 않는다고 하셨을까? 부처님은 무엇보다도 이들 세 가지 사상은 우리가 살고 있는 현실을 제대로 설명해 내지도, 해결해 주지도 못한다고 말씀하셨다.

전생에 결정된 대로 살기 마련이라면 이번 생에 바르고 열심히 산들 무슨 의미가 있겠는가? 그리고 누군가 악한 행동을 한다 해도 전생에 그렇게 정해진 것일 텐데 현세의 그 사람에게 책임을 물을 수 있을 것인가? 하지만 모든 것은 결정되어 있으며 바꿀 수 없다고 믿는 사람들도 이번 생에 조금 더 나은 삶을 살겠다는 뜻을 일으키고 노력하며 살고 있고, 팔자소관에 따라 악한 업을 지을 수밖에 없다고 주장하면서도 악한 행동을 한 사람의 팔자를 처벌하지 않고 그 사람을 처벌한다. 주장과 현실이 서로 어긋나 있으니 어떻게 이것을 진리라고 받아들여 믿고 따를 수 있겠는가.

절대적인 존재가 세상을 창조하였으며, 인간의 행불행을 결정한다고 말하는 사람에겐 이렇게 물을 수 있다. 절대적인 존재가 세상을 창조했다면 세상의 불행이나 악도 그의 창조물인가? 어떤 사람이 흉악한 범죄를 저질렀다면 그렇게 창조한 신을 처벌해야 할 것인가? 이 역시 현실과 맞지 않는다.

또한 모든 것이 그저 우연히 벌어지는 일이라고 주장하는 사람들도 역시나 조금이라도 더 잘살기 위해 뜻을 일으키고 노력하며 살고 있으며, 선한 일에는 상을, 악한 일에는 벌을 주고 있지 않은가?

이처럼 위의 세 가지 주장들은 모두 똑같은 모순을 지니고 있다. 바로 인간의 자유 의지와 죄악에 대한 책임 문제를 제대로 설명해 주지 못한다는 점이다. 그래서 부처님은 이러한 세 가지 사상을 진리라고 받아들이기를 거부하였다.

그렇다면 불교는 어떤 입장일까? 이제부터 우리가 불교에서 배워야 할 이치가 등장한다. 무엇보다도 부처님은 인간이 자유롭게 뜻을 일으키고 노력한다고 보았다. 그리고 인간의 행동에는 그 과보가 필히 따라와서 행동이 과보를 부르는 것일 뿐, 누군가가 상벌을 주는 것이 아니라는 점을 명백히 하였다는 점부터 밝힌다.

03 / 불교를 믿는 이유

1) 불교의 특징

불교(佛教)는 부처님[佛]의 가르침[教]을 말한다. 그리고 부처님이 깨달은 법(法, 진리)에 대한 가르침이며, 우리를 깨달음의 길로 인도하는 가르침이다. 부처님은 우리에게 무엇을 가르치고, 무엇을 깨닫게 하려고 했을까? 바로 인간에게는 자유로운 의지와 밝은 지혜가 있어서 어떻게 해서라도 현실을 헤쳐 나갈 수 있다는 점이다. 우리가 삶과 세상을 읽는 지혜에 눈을 뜨게 되면 망망한 바다의 험난한 파도를 뛰어넘을 수 있게 되기 때문이다.

깨달음이란 지혜의 눈을 뜨는 것이다. 눈을 뜨면 어둡던 세상이 밝아진다. 마음의 눈이 열려 어디로 가야 할지 길이 보이며, 길이 보이기 때문에 당당해질 수 있고, 삶이 여유롭고 평화로우며 행복하다. 이러한 깨달음의 눈으로 통찰한 내용이 바로 우리가 앞으로 믿고 배우며 체득해야 할 다양한 부처님의 가르침이다. 그것이 바로 교리이고 수행이기도 하다.

불교에서는 현재 괴롭고 힘든 일이 이어진다면 무작정 누군가에게 기대기보다는 그 이유를 따져 볼 것을 권한다. 괴롭고 힘든 데에는 분명 어떤 원인이 있을 것이며, 그 원인을 제대로 찾아내면 괴로움을 극복할 수 있다고 보기 때문이다.

괴로움의 원인을 찾고 해탈의 길로 가기 위해서 필요한 것이 바로 지혜다. 그리고 지혜는 특정한 사람만 가지고 있는 것이 아니라 누구나 지니고 있다. 하지만 지혜를 가리는 번뇌 때문에 세상의 이치를 제대로 보지 못하고 해결하겠노라고 엉뚱한 행동을 하게 되며, 그 엉뚱한 행동이 다시 괴로운 결과를 불러들이는 것이다.

부처님은 당신의 지혜가 우리들에게도 똑같이 있음을 아시고 그 사실을 일깨워 주려고 세상에 오신 분이다. 어쩌면 처음부터 부처님처럼 지혜로웠을지도 모르는데 언제부터인가 눈이 가려져서 헤매고 다니는 것이 우리들 중생의 모습일지도 모른다. 그런 중생을 향해 부처님이 품은 한없이 애틋한 마음이 바로 자비심이다. 그래서 부처님을 지혜와 자비를 지닌 분이라고 말한다. 부처님의 자비로 우리가 마음을 덮은 번뇌를 없애고 지혜로워질 수만 있다면 세상의 괴로움도 사라진다는 것이 불교에서 주장하는 바다.

그런 까닭에 불교에서는 참으로 다양한 교리를 설하고, 여러 가지 수행법을 마련하였다. 교리를 이해하고 수행을 통해 '스스로' 인생의 물음에 대한 해답을 찾는 것이 불교다. 불보살님들은 우리 스스로 행복의 길을 찾아 나설 수 있도록 돕고 보호하며 이끌어 주고 힘과 용기를 준다. 우리 스스로 불행함을 알고 길을 찾아 나서야만 결국 행복해지는 것이다.

그리고 이렇게 세상을 살아 나갈 힘을 얻었다면 다시 예전의 자신처럼 괴로움에 신음하는 이웃을 위해 부처님처럼 지혜와 자비의 손길을 내밀어야 한다. 자신을 이롭게 하고 세상을 이롭게 하기 위해 살아가는 사람이 바로 불자다.

2) 나는 왜 불교를 찾는가

그렇다면 다시 이렇게 물을 수 있다.

"우리는 왜 불교를 찾는가?"

절을 찾는 사람은 어떤 사람인지, 그 이유를 크게 다섯으로 나누어 말할 수 있다.

첫 번째, 집안이 평안하지 못하고, 하는 일이 잘 되지 않아서 인생이 너무 괴롭기에 절에 온 사람들이다.

두 번째, 자식의 학업이나 취직, 결혼, 승진, 병의 쾌유를 비는 등 간절한 소망 때문에 온 사람들이다.

세 번째, 호기심으로 불교가 어떤 것인지 궁금해서 오는 사람들이다.

네 번째는, 지금까지 살아오던 방식대로 산다면 그 어떤 보람도 없을 것 같아서, 조금 더 진지하게 삶의 의미와 가치를 찾기 위해 오는 사람들이다.

그리고 다섯 번째로, 마음의 안정과 평화를 위해서 불교와 절을 찾는 사람들이다. 현대에 들어서면서 특히 이런 이유로 불교를 찾는 사람들이 늘어나고 있다. 삶에서 부딪히는 갈등과 번뇌를 해소하고 지극한 평화로움 속에서 삶의 여유를 가지고 살아가고자 하는 것이다.

불교를 찾는 이유가 이렇게 제각각이지만 어떤 것이 옳고, 어떤 것이 그르다고는 할 수 없다. 각자의 마음속에 품은 이유가 어떻든 우리와 부처님을 맺어 줬으니 모두가 소중한 인연이다. 어떤 이유건 더 중요한 것은 앞으로 어떻게 종교 생활을 해 나가야 할 것인지를 잘 생각해 봐야 한다는 점이다.

그러기 위해서는 현재 자신이 어떤 상태인지 진지하게 살펴야 한다. 자신이 무엇을 원하는지도 알아내야 한다. 뿐만 아니라 자신이 현재 바라는 행복이 진정 변하지 않는 것인지, 남을 다치게 하는 것은 아닌지도 살펴야 한다. 또한 자신이 얻은 행복에 만족해서 더 이상 욕망의 노예가 되지 않고 분노에 휩쓸리지 않을 수 있을 것인지도 따져 물어야 한다.

부처님은 우리에게 쉽게 변하고 부서지는 행복을 보여 주려 하지 않는다. 처음도 좋고 중간도 좋고 마지막도 좋으며, 의미 있고 표현을 잘 갖춘 가르침을 통해서 우리에게 무너지지 않으며 깨끗하고 즐거운 진짜 행복을 제시한다. 그 행복이 바로 열반(涅槃)이다. 열반이란 스님의 죽음을 의미하는 좁은 개념의 말이 아니라 모든 갈등과 번뇌가 사라진 지극한 평화요, 행복을 뜻한다. 이를 산스크리트로는 니르바나(nirvāṇa)라고 한다.

다양한 인연으로 부처님을 만났지만, 부처님의 가르침 속에서

열반은 고대 인도에서 사용한 언어인 산스크리트 니르바나를 한자로 번역한 말이다. 니르바나는 타오르던 불이 꺼진 상태를 뜻한다. 갖가지 번뇌, 갈등, 탐욕, 분노의 불길이 꺼진 고요한 평화의 순간이며, 모든 갈등과 번뇌가 사라졌기에 지극히 행복한 상태를 가리킨다.

우리가 성취해야 할 진정한 목표는 열반이다. 이제 열반을 향한 길로 첫 발자국을 떼어 보기로 하자.

실천과제

• 나는 왜 종교를 찾게 되었는지 사유해 보고, 나의 삶에 있어서 불교가 어떤 의미를 갖는지 이야기해 보자.
• 여러 가지 종교 중에서 왜 불교를 택했는지 토론해 보고, 마음속에 새겨보자.

2장

불교에서
무엇을 믿고 이룰 것인가

믿음의 중요성과 불보살님들

서산 용현리 최조 마애여래삼존상

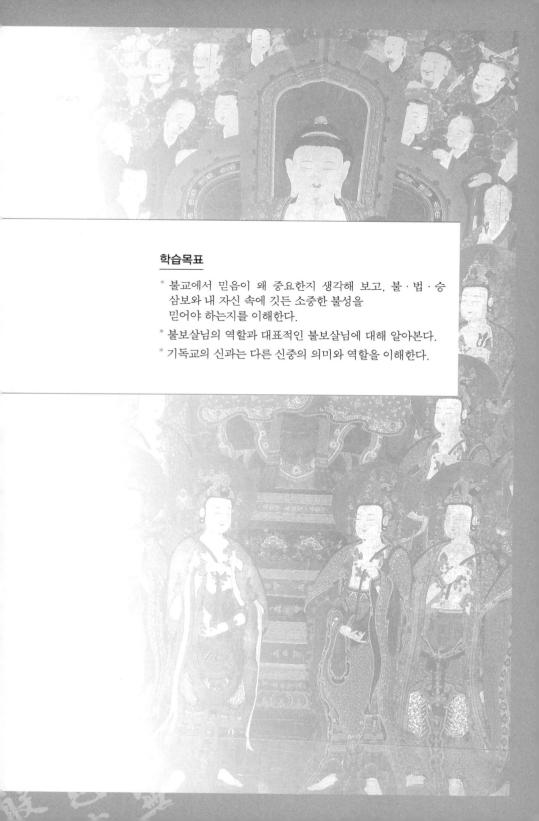

학습목표

* 불교에서 믿음이 왜 중요한지 생각해 보고, 불·법·승 삼보와 내 자신 속에 깃든 소중한 불성을 믿어야 하는지를 이해한다.
* 불보살님의 역할과 대표적인 불보살님에 대해 알아본다.
* 기독교의 신과는 다른 신중의 의미와 역할을 이해한다.

01 / 가장 근본이 되는 것은 믿음

부처님께서 사위성 기원정사에 계실 때, 강 건너에 있는 성품이 포악하고 선량하지 않은 마음을 가진 사람들을 제도하기 위해 방편을 썼다. 평소 기적을 일으키는 것을 엄격히 금하셨던 부처님이지만 교화를 위해 신통력으로 한 사람을 강물 위로 걸어오게 했다. 마을 사람들은 눈을 의심했다. 그래서 그 사람이 강 위를 걸어와 부처님께 정중하게 절하자 마을 사람들이 몰려와서 물었다.

"우리는 옛날부터 이곳에서 살았지만 물위를 걸어서 강을 건넌 사람은 보지 못했소. 어떤 마술을 쓰기에 물위를 걸어올 수 있었소?"

그 사람이 답했다.

"나는 강의 남쪽에 살고 있는 사람이오. 부처님께서 이곳에서 설법하신다는 이야기를 듣고 오려 했지만 강 때문에 오지 못했소. 그래서 사람들에게 강이 얼마나 깊은지를 물었더니 발목 정도밖에 안 된다기에 그 말만 믿고 그냥 강을 건넜을 뿐, 내가 무슨 마술을 썼던 것은 아니오."

부처님께서 그의 말을 듣고 말씀하셨다.

"참으로 훌륭하다. 믿음과 정성만 지녔다면 생사의 깊은 강도 건널 수 있거늘 몇 리의 강을 건넌 것이 뭐 그리 신기하겠는가!"

– 『법구비유경』

우리는 살면서 자주 커다란 벽에 부딪친다. 어떻게 해서라도 스스로의 의지로 난관을 넘어서려 하지만 자신의 무력함을 느끼고 주저앉기 일쑤다. 또는 어떻게 헤쳐 가야 할지 방향을 잡지 못해 험한 세상을 향해 첫 발자국을 떼지 못할 때도 많다. 이때 강물의 깊이가 발목 정도밖에 오지 않는다고 일러 주는 경험자의 말 한 마디가 얼마나 절실한가. 이런 말 한 마디는 캄캄한 인생길을 밝게 비춰 주는 등불과 같다. 강을 건너고픈 열망으로 가득 찬 사람이 강을 건널 수 있게 해 주는 말 한 마디, 그 말 한 마디에 대한 가치와 신뢰는 절대적이다.

일반적으로 사람들은 스스로 살아가는 것이 불안하기 때문에 무언가에 의지하며 살아간다. 보통은 돈, 권력, 연인이나 사람 등에 의지하며 다소나마 편한 발걸음을 내딛는다. 그러나 그러한 것들은 영원하지 않으며 언젠가는 변하여 떠나가기 마련이다.

이럴 때 우리에게는 강력하게 믿고 의지할 것이 필요하다. 불교가 자신에게 의지할 것을 주장하는 한편 믿음을 강조하는 것은 바로 이런 현실적인 이유 때문이다.

그래서 『대방광불화엄경』 「현수품」에서는 "믿음은 진리의 근본이요, 공덕의 어머니다. 모든 착한 법을 길러 주고 의심의 그물을 끊어 주며 애정을 벗어나게 해 주고 열반에 이르는 길을 열어 보인다."라고 하여 바른 믿음이 신앙의 근본이요, 복을 낳는 어머니라고 강조한다. 또한 『숫타니파타』에서는 "세상에는 믿음이 으뜸가는 재산이요, 생사의 거센 흐름을 건너게 해 준다."라고 말한다.

02

믿음은 무엇이며
무엇을 믿어야 할까

신앙의 가장 앞자리에 놓이는 믿음은 이처럼 중요하다. 경전에서 믿음을 뜻하는 빨리어는 삿다(saddhā)이다. 이 말은 '덮어 놓고 믿고 보자'라거나 '믿으면 다 이뤄진다'는 뜻이라기보다는 자신이 바르게 따라가야 할 길을 신중하게 선택하는 초석으로서 지녀야 할 마음가짐을 뜻한다. 그래서 이해에 기반을 둔 확신이라는 의미에서 신해(信解)라고 번역한다.

불자로 살아가면서 반드시 지녀야 할 마음가짐 중에서도 믿음이 첫 번째인 이유는, 확신에 찬 믿음[信]이 있어야 부처님의 가르침을 이해[解]하게 되고, 이해하게 되면 실천[行]하게 되며, 실천하면 실천하는 만큼 무르익고 성취[證]될 수 있기 때문이다.

그렇다면 무엇을 믿어야 할까?

첫째, 불교의 세 가지 보배를 믿음의 대상으로 삼아야 한다. 세 가지 보배란, 부처님[佛]과 가르침[法]과 승가[僧]의 삼보(三寶)를 말한다. 불교에서 하는 모든 의식은 가장 먼저 삼보에 귀의(歸依)

하는 것으로 시작한다. 귀의는 지극한 마음으로 예를 표하며 생명을 다해 믿고 따르겠다는 다짐을 말한다. 그렇다면 삼보를 믿고 따르면 어떤 좋은 일이 생길까? 경전에서는 이렇게 말한다.

"그대들은 황량한 들판을 지나다가 두려움이 생겨 마음이 놀라 온몸의 털이 곤두설 때에는 여래에 관해서 생각하라. 즉 여래는 '마땅히 공양받을 만한 분이고, 올바로 원만하게 깨달으셨고, 지혜와 실천을 다 갖추셨고, 잘 가셨으며, 세상을 잘 알고, 위없이 높으며, 사람을 잘 길들이시고, 천상과 인간의 스승이시며, 깨달으신 세존이시다' 라고 생각하면 두려움이 사라질 것이다.

법에 관해서 생각하라. '부처님의 바른 법과 율은 이번 생에 번뇌를 떠나게 해 주며, 때를 기다리지 않고 깨칠 수 있으며, 유익하고 스스로 깨달아 알 수 있는 것이다' 라고 생각하면 두려움이 사라질 것이다.

승가에 관해서 생각하라. '세존의 제자는 착하고 바르게 나아가며 세상의 복을 낳는 밭이 된다' 고 생각하면 두려움이 사라질 것이다. 이와 같이 세 가지를 생각하면 두려움은 곧 사라질 것이다."

－『잡아함경』 제35권, 「염삼보경」

부처님은 삼보를 생각하면 두려움이 사라진다고 하였다. 즉 세상을 헤쳐 나갈 길이 막막해서 그 자리에 주저앉고 싶어질 때 불·법·승 삼보를 믿고 의지하면 힘이 난다는 말이다. 그리고 그 믿음

여래(如來)란 부처님을 뜻하는 여러 명칭 중에 하나다. 여래란 진리의 세계에서 오신 분, 진리의 세계로 돌아가신 분이라는 의미가 담겨 있다. 따라서 석가여래나 석가모니 부처님이라는 말은 표현이 다를 뿐, 같은 분을 지칭한다.

의 결과로 험한 세상을 살아가는 데 두려움이 사라지고 용감하게 앞으로 나아가 원하는 일을 성취하게 된다.

이때 부처님을 믿는다는 것은 위없는 지혜와 덕을 갖추고, 사람들을 잘 다스려 제도하며, 세상의 스승인 자비로운 부처님의 모습과 능력을 마음 깊이 새기는 것이다. 부처님을 한시도 잊지 않고 기억하면 부처님의 돌보심을 입을 뿐만 아니라 우리 스스로도 그와 같이 되겠다는 마음을 내게 된다.

가르침을 믿는다는 것은 곧 부처님의 가르침에 대해 확신을 갖는 것이다. 세상에 엄연히 흐르고 있는 이치를 잘 파악해서 그 이치에 맞게 살아가면 어려움과 괴로움을 해결하여 즐겁고 희망찬 삶을 살아갈 수 있다는 자신감을 갖게 된다. 이때 세상에 흐르고 있는 이치란 부처님이 발견하신 진리로, 경전에 설해진 부처님의 말씀을 의미한다.

승가를 믿는다는 것은 부처님의 가르침을 믿고 따르며 올곧게 수행하는 스님들의 공동체에 대해 깊은 믿음을 일으키는 것이다. 스스로의 깨달음을 위해서뿐만 아니라 세상 모든 존재를 고통에서 건지기 위해 실천하는 수행 공동체는 세상의 정신적인 지주로서 빛을 발한다. 그러한 승가에 믿음을 일으킨다는 것은 세상에 큰 복을 낳는 밭을 일구는 일이다.

둘째, 불·법·승 삼보를 포함하는 여섯 가지를 믿음의 대상으로 들기도 한다. 여섯 가지란, 앞서 말한 부처님과 가르침과 승가의 삼보에 계율, 보시, 천상에 태어남의 세 가지 항목을 더한 것으로, 불자는 언제 어디에서나 이 여섯 가지를 마음에 지니고 의지하며 믿음을 일으켜야 한다. 이를 육념(六念)이라고 부른다.

이 가운데 계율과 보시는 누구나 가장 먼저 지켜야 할 덕목이다. 계를 잘 지켜 스스로의 몸과 마음을 바르게 지키고, 이웃과 세상에 기꺼이 귀한 것을 내어 준다면 자신은 물론이요, 세상도 행복해질 것이다. 이러한 행동이 바로 선업을 짓는 일이다. 경전에서는 '선업은 그 사람에게 행복을 불러오니 살아서는 원하는 일을 이룰 것이요, 다음 생에도 행복하게 살아간다'고 말한다. 여기서 다음 생에도 지극히 행복하게 살아간다는 말은 천상에 태어난다는 의미로 생천(生天)이라고도 한다.

셋째, 대승불교나 선불교에서는 믿음의 대상으로 자신에게 내재되어 있는 청정한 마음이자 진리의 성품인 불성(佛性)에 대한 믿음, 나 자신이 본래 부처라는 믿음을 가질 것을 강조한다. 이와 더불어 우리 불자들은 좋은 씨앗을 파종하면 좋은 열매를 수확하고, 나쁜 씨앗을 파종하면 나쁜 열매를 수확한다는 업인과보(業因果報)에 대한 믿음을 지녀야 한다.

불자로 살아가는 것은 삼보에 대한 믿음을 품고, 계율을 잘 지키며, 힘들고 아파하는 이웃을 위해 자비를 실천하고 함께 나누는 삶을 사는 것이다. 이것이 신앙인이 지녀야 할 첫 번째 마음가짐이요, 두려움을 없애 주고 나와 내 가족과 우리 사회를 행복으로 이끌어 주며, 다음 생의 행복을 보장해 주는 길임을 알아야 한다.

또한 나 자신의 청정한 마음에는 만법(萬法)이 내재되어 있음을 믿고, 내면에 있는 보배 창고의 문을 여는 것이 참다운 행복의 문을 여는 것임을 믿고, 보시를 행하고 이웃을 돕는 보살행이 곧 고해를 건너가는 것임을 믿으며 인과를 믿어야 한다. 이를 믿고 실천할 때 두려움은 사라지고 내면의 힘이 생기며 부처님의 가피를 받게 된다.

불교사 살펴보기

크게 초기불교(初期佛敎), 부파불교(部派佛敎), 대승불교(大乘佛敎)로 나뉘어진다. 초기불교는 부처님 생존 당시의 불교로 비교적 부처님의 원음이 살아 있던 시대의 불교를 일컫는다. 부파불교는 부처님 열반 100년 이후에 전개된 불교로 부파별로 부처님 말씀에 대한 여러 가지 철학적 해석이 이뤄진 시기를 말한다. 이후 기원전 1세기경부터는 부처님 본래 정신으로 돌아가자는 대승불교가 전개되기에 이른다.

03 / 불보살님은 어떤 분인가

1) 지혜와 자비를 완벽하게 갖춘 부처님

부처님은 불자가 가장 먼저 믿고 의지해야 할 대상이다. 그렇다면 부처님은 어떤 존재일까?

부처님은 모든 것을 이겼고, 어떤 것에도 더럽게 물들지 않으며 모든 것을 버려서 해탈 열반의 경지에 오른 존재를 말한다. 이 경지는 보통 사람의 차원을 훨씬 넘어서 있기 때문에 사실 부처님에 대해 알기란 쉽지 않다. 심지어 부처님은 다음과 같은 대화를 통해 스스로에 대해 이렇게 설명한다.

한 바라문이 부처님께 여쭈었다.

"세존이시여, 당신은 하늘의 신입니까?"

"나는 신이 아니오."

"그렇다면 용왕과 같은 존재입니까?"

"나는 그런 존재도 아니오."

"그렇다면 어떤 특별한 사람입니까?"

"그렇지 않소. 나는 하늘도 용도 아수라도 사람도 아니오. 나는 번뇌를 없앴고, 커다란 코끼리처럼 잘 길들여졌으면서도 남의 부림을 받지 않으며, 모든 의심을 끊었기에 해탈해서 다음 생에 태어나지 않소. 물속에서 자라도 물이 묻지 않는 연꽃처럼 세상에 태어났으나 세상 법과 어울리거나 물들지 않소. 번뇌를 멀리 떠나 더 이상 나고 죽지 않으니 그 때문에 부처라고 이른다오."

– 『별역잡아함경』 제13권

깨달음의 경지에 오르지 않은 보통 사람으로서는 부처님이 어떤 존재인지 제대로 알 수가 없다. 다만 부처님이란 이름이 뜻하는 바를 음미하면 어느 정도 짐작할 수 있을 것이다. 부처란 산스크리트 붓다(buddha)에서 온 말로 깨달은 자, 눈을 뜬 자라는 뜻이다. 세상이 서로 어떤 관계를 맺고 있으며 어떻게 펼쳐지는지를 환히 꿰뚫어 보는 눈을 가진 자를 말한다. 이런 눈을 가지지 못한 보통 사람은 '눈이 있어도 앞을 보지 못하는 사람'이라 불린다.

부처님은 세상의 이치에 대해 환히 알고 있는 분이요, 세상의 본질까지 꿰뚫고 있는 지혜로운 분이다. 그리고 지혜롭기만 한 것이 아니라 세상의 모든 생명체를 향해 한없는 사랑과 연민심을 품고 있기도 하다. 이러한 사랑과 연민심을 자비(慈悲)라고 한다. 부처님은 지혜와 자비를 완벽하게 갖췄기 때문에 세상을 살아가면서 더 이상 두려움이나 불안, 슬픔에 빠지지 않는다. 그리고 이런 경

통도사 대광명전 삼신불도
석가모니불도(왼쪽), 비로자나불도(가운데), 노사나불도(오른쪽)

지를 뭇 생명에게 알려 주기 위해 쉬지 않고 그들을 인도하신다.

부처님이 세상에 나셨다는 것은 아주 커다란 의미가 있다. 아무리 열심히 살아도 행복해지지 않고, 잘살아 보려고 애를 써도 괴로움만 커져서 언제나 막연한 불안을 품고 사는 이들이 세속을 뛰어넘어 맑고 깨끗한 경지로 나아가는 데 나침반과 같은 역할을 하기 때문이다. 그래서 중생은 부처님을 의지해서 자신도 부처님이 얻은 경지를 얻기 위해 길을 떠나야 한다.

그렇다면 부처님은 오직 한 분뿐일까? 그렇지 않다. 부처라는 말은 석가모니 부처님을 가리키기도 하지만, '깨달은 자'를 가리키는 말이기도 하다. 그래서 누구나 부처라는 이름을 가질 수 있다.

지금은 번뇌에 시달리기도 하고, 악업을 짓기도 하는 우리도 정신을 차리고 열심히 수행 정진하며 부처님처럼 살면 부처라는 이름을 얻을 수 있다.

역사상 실재했던 부처님은 석가모니 부처님이다. 하지만 경전에서는 이 부처님 말고도 헤아릴 수 없이 많은 부처님이 등장한다. 우리에게 익숙한 미륵불, 아미타불, 약사여래불, 비로자나불, 노사나불, 아촉불 등등 수많은 부처님이 경전에 등장하기도 하고, 불상으로 조성되어 불자들의 예경을 받고 있다.

그러나 이들 부처님의 존재를 일상의 눈으로 이해하고 받아들이기는 쉽지 않다. 왜냐하면 부처님들이 존재하는 세계는 시간적·공간적으로 보통 사람들의 범위를 훨씬 넘어서 있기 때문이다. 과거와 현재, 그리고 미래에도 세상은 펼쳐졌고, 펼쳐져 있고, 펼쳐질 것이다. 뿐만 아니라 삼차원의 현실 공간 속에서, 혹은 이 현실 저 너머까지 세계는 무궁무진하게 펼쳐져 있다. 그런 공간마다 석가모니 부처님같이 깨달은 분들이 자리하고 있으며, 지금 이 순간에도 그 부처님들은 가르침을 베풀고 계신다.

또한 부처님이 깨달으신 진리 그 자체가 바로 부처(법신불)이고, 그것을 깨닫기 위해 노력하고 수행한 결과 부처가 된 분(보신불)도 계시며, 중생에게 진리를 들려주기 위해 일부러 세상 존재들과 똑같은 몸으로 태어나신 부처(화신불)도 있다.

석가모니 부처님도 지금으로부터 2,600년 전에 화신불로서 인도 땅에 태어나 중생을 교화하시다가 본래 자리로 돌아가셨지만 진리

> **법신불**(法身佛)은 세상 어느 곳에나 영원히 진리의 몸으로 존재하는 부처님이다. **보신불**(報身佛)은 수행의 결과 원만하신 몸을 갖춘 부처님이다. **화신불**(化身佛)은 이 삶의 현장에 나타나서 고통에 빠진 사람들을 구제해 주시는 부처님이다. 우리가 부처님을 자비의 화신이라고 부르는 것은 자비로운 모습을 갖추고 나타나서 사람들을 구제해 주기 때문이다.
>
> 이렇게 법신불·보신불·화신불 세 가지 모습의 부처님을 삼신불(三身佛)이라고 한다.

의 몸, 즉 법신으로 영원히 이 세상에 머무르고 있다.

법신불은 언제 어느 곳에나 두루 존재하며 무한한 빛과 생명을 갖춘 부처님이다. 진실 그대로 아는 힘이 있으며 자유자재하다. 인류의 구제자이기도 하며 만생의 자비로운 어버이기도 하다.

이 세상에는 많은 부처님과 여러 보살님이 법신불, 보신불, 화신불의 모습으로 존재한다. 우리가 부처님의 가르침을 믿고 의지하며 실천할 때, 부처님은 바로 우리 모습으로 살아 움직이고 계신다. 그럴 때의 나는 부처의 몸이요, 마음이기도 하다.

2) 중생 구제에 매진하는 보살님

불교에는 부처님 외에도 성스러운 존재인 여러 보살님이 계신다. 보살님들은 이미 깨달아 부처님에 버금가는 지혜와 능력을 갖추었지만, 중생에게 조금 더 가깝게 다가가기 위해 보살의 모습으로 살아가는 존재다. 심지어 수없이 나고 죽는 중생을 모두 다 구제하기 위해 기꺼이 윤회를 자청하기도 한다. 대표적으로는 문수보살님, 보현보살님, 관세음보살님, 그리고 지장보살님 등을 들 수가 있다.

보살은 크게 수행자로서의 보살과 성인으로서의 보살, 두 가지 존재가 있다.

보살(菩薩)은 산스크리트 보디사트바(bodhisattva)를 한문으로 음역한 보리살타(菩提薩埵)를 줄인 말이다. '보디'란 '지혜', '깨달음'을 의미하며 '사트바'란 '살아 있는 존재의 무리', 즉 중생을 일컫는다. 그러므로 보살은 지혜(보리)를 얻기 위해 부단히 노력하는 수행자란 뜻이다. 성인으로서의 보살은 부처님의 화신으로 등장하는데, 이런 의미로 쓰일 때는 '마하살(摩訶薩)'이란 이름이 덧붙여진다. 마하살은 위대한 존재라는 뜻을 가진 산스크리트 마하사트바(mahāsattva)를 음역한 마하살타(摩訶薩埵)를 줄인 말이다. 그런데 이러한 성인으로서의 보살님도 마하살이라는 명칭을 붙이지 않고 그냥 보살이라 부르는 경우가 많다.

불교에서 말하는 자비란 지혜의 온전한 빛을 선악, 미추(美醜), 빈부를 가리지 않고 차별 없이 뿌려 주는 것이다. 하지만 지혜가 없는 자비는 맹목과 같다. 지혜가 없으면 깨달음의 빛 또한 요원하며 어둠 속에서 방황할 뿐이다. 이러한 지혜를 상징하는 보살님이 문수사리보살마하살이다. 문수보살은 사람들의 어리석음을 꾸짖어 보리심을 닦게 하는 보살로, 이 세상에 머물며 우리를 만난다. 『대승유가금강성만수실리천비천발대교왕경』이라는 경전에는 문수보살이 세운 10대원에 대해 나와 있다. 그중 제7원과 제8원에 이러한 문수보살의 특징이 잘 드러나 있다.

"모든 복덕을 부처님의 보리도에 회향하고 중생이 모두 복을 받게
하며, 모든 수행자로 하여금 보리심을 내게 할 것입니다."

– 제7원

"저는 나쁜 짓을 많이 하여 육도를 윤회하는 중생들과 함께 태어나
교화하되, 혹은 빈궁한 자가 되고 혹은 소경·벙어리·귀머거리·거
지가 되는 등 모든 중생 속에서 같은 종류, 같은 인연, 같은 일, 같은
행동, 같은 업으로 그들과 함께 살면서 불법에 들게 하고 보리심을
내게 할 것입니다."

– 제8원

지혜도 중요하지만 지혜만 갖춰서는 안 된다. 쉬지 않고 진리를
추구하고 뭇 생명을 위해 몸을 낮춰 실천을 해야 한다. 이런 실천
수행을 상징하는 분이 보현보살마하살이다. 지혜는 실천을 통해서
완전하면서도 탄탄하게 현실에 발을 붙이게 마련이다. 그래서 보
현보살은 문수보살과 짝을 이루어 그 무애자재한 지혜를 행동으로
보여 주고 실천한다.

특히 보현보살은 험악한 세상에서 『법화경』을 믿고 간직하는 이
를 굳게 보호할 것이라고 다짐하면서 다음과 같은 서원을 세웠다.

석굴암
보현보살상(왼쪽)과
문수보살상(오른쪽)

"이 『법화경』을 믿어 간직하는 사람이 혹은 걷거나 혹은 서서 『법화
경』을 읽고 외우면 저는 이때 여섯의 상아를 가진 희고 큰 코끼리를
타고 큰 보살들과 더불어 그가 있는 곳에 찾아가 스스로 몸을 나투
어, 그 사람의 수행에 감사하고, 그 수행이 훌륭하게 실현되도록 지
켜 주며, 그 사람의 마음을 평안하게 해 주겠습니다."

- 『법화경』, 「보현보살권발품」

비단 『법화경』뿐이겠는가. 보현보살은 그 사람이 어떤 경전에 의
거한 수행을 하건, 그 수행이 잘 되도록 도와주며 그 사람을 평안
하게 해 준다.

법주사 원통보전 관세음보살상

또한 보살은 온 세상 뭇 생명을 향한 끝없는 사랑과 연민의 마음을 품어야 하니, 이런 커다란 자비의 마음〔大悲心〕을 품은 보살님이 바로 관세음보살마하살이다. 관세음보살은 고통받는 중생들의 모습에 크나큰 연민을 느껴 그 고통을 없애기 위해 천 가지, 만 가지 모습으로 몸을 나투는 어머니 같은 존재다.

뭇 생명의 수많은 고통을 없애 주기 위해, 그에 맞게 다양한 모습으로 변화하여 나타나는 관세음보살은 자신을 부르는 간절한 소리를 깊이 들여다보고 모든 것을 원만하게 굴려 통하지 못하는 게 없다. 그래서 경전에서는 이렇게 말한다.

"고통에 신음하는 중생이 일심으로 관세음보살을 부르면 곧바로 그 음성을 관하여 해탈케 한다."
– 『법화경』, 「관세음보살보문품」

참혹하고 처절한 환경에 처한 중생을 구제하기 위해서는 강력한 서원을 세워야 하는데 그런 원으로는 지장보살마하살을 따를 자가 없다. 지장보살은 지옥에 떨어진 중생 모두가 자신의 잘못을 참회하고 지옥에서 빠져나와 깨달음의 길로 향할 때까지 그들을 도울 것이며, 그들을 모두 구제하기 전까지는 부처가 되지 않겠다는 서원을 세운 존재로 가장 강력한 원을 상징한다. 그래서 대원본존(大願本尊) 지장보살마하살이라 일컫는다.

통도사 명부전 지장보살상

이렇듯 지장보살은 지옥에 있는 중생을 구제할 목적으로 성불을 뒤로 미룬 분이다. 고통받는 중생이 하나라도 남아 있는 한 그의 성불은 완성될 수 없다. 그만큼 중생을 사랑하기 때문이다. 그래서 지옥에서 고통받는 중생이 너무 불쌍하고 안쓰러워 지장보살의 눈에서는 눈물이 마를 날이 없다고 한다.

이 밖에도 성스러운 여러 보살님이 계신다. 이분들은 중생의 고통을 자신의 고통으로 여기고 자비로운 모습과 손길로, 자비로운 목소리와 발걸음으로 다가가 사람들의 눈물을 닦아 주고 일으켜 세우며 구원해 주신다. 이러한 보살님들 덕분에 세상은 더 아름다워진다.

불교를 믿는 것, 나아가 부처님이 하신 일을 본받아 따르고 행하

며 부처로 산다는 것은 이렇게 지혜와 실천, 대비심과 서원을 완벽
하게 갖추는 것을 말한다. 각각을 상징하는 보살마하살을 그 본보
기로 삼아서 자신의 원을 세우고 수행한다면 신앙의 길이 막연하
게만 느껴지지는 않을 것이다. 궁극적으로는 내가 그런 보살님을
닮아 가고 보살마하살답게 된다면, 세상은 더욱 아름다워지고 내
마음 또한 평화로워질 것이다.

3) 이로움을 베푸는 신중님

불교에서는 어떤 절대적인 유일신을 인정하지 않지만, 경전을 보
면 아주 많은 신이 등장한다. 또한 어떤 신들은 스님과 불자들을
호위하는 역할을 맡고 있기도 하다. 불교에서는 이런 신의 존재를
어떻게 보고 있을까?

불교에서는 세상을 창조한 브라흐마 신도 높이 평가하지 않으며 그러한 능력을 가진 신 또한 언젠가는 사라진다고 가르친다. 그리고 그러한 창조신을 믿고 의지하는 것을 옳지 못한 신앙의 태도라고 말한다. 다만 자연 속에 존재하는 경외의 대상으로 신의 존재를 부정하지 않을 뿐이다. 초기경전에는 세상 사람들이 곤히 잠든 한밤중에 신이 환하게 빛을 내뿜으면서 석가모니 부처님을 찾아와 가르침을 청하는 내용이 자주 등장한다. 또한 부처님이 세상에 가르침을 펼치게 되신 데에도 신들의 간청이 절대적으로 작용했다. 뿐만 아니라 『대방광불화엄경』과 같은 대승경전에서도 부처님의 법문이 펼쳐지려 할 때 그 법회에 참여하기 위해 헤아릴 수 없이 많은 신이 찾아왔다는 내용이 있다.

그런데 경전에서는 신(神)을 천(天)이라고 부른다. 이들이 대부분 하늘나라에 살고 있기 때문이다. 신들 중에서도 범천(梵天, 브라흐마), 제석천(帝釋天, 인드라)이 대표적이다. 그 밖에 경전을 수호하는 위태천, 사찰과 불법(佛法)을 믿는 사람들을 수호하는 사천왕,

인도 신화 속 범천과 제석천
범천은 고대 인도 신화에 등장하는 창조주 브라흐마(Brahmā)를 일컫는다. 브라흐마는 세계의 생성에 관계하지만 유일 절대의 신은 아니다.
제석천은 고대 인도 신화에 등장하는 신들의 왕이며 악마를 무찌르는 전쟁의 신 인드라(Indra)를 말한다. 우리나라 단군 신화에서는 환웅의 아버지이자 하늘의 주인으로 석제환인(釋提桓因), 천주(天主)님이라고 불렸다. 제석천을 비롯한 신들이 머무는 곳을 도리천이라 한다.

내소사 천왕문 사천왕상
동쪽을 관장하는 지국천왕(비파), 남쪽을 관장하는 증장천왕(보검)

산신과 칠성님도 이 신들의 무리에 합류한다.

　신뿐만 아니라 용이나 야차, 건달바, 아수라, 가루라, 긴나라, 마후라가와 같은 존재도 경전에 아주 많이 등장한다. 이들은 그 위상이 신보다는 낮지만 신과 인간의 중간쯤에 자리하고 있는 존재다. 이들을 신들의 무리라는 뜻으로 신중(神衆)이라 부르며, 천(신)을 포함하여 팔부신중(八部神衆)이라 한다.

　불교에서는 신과 신적인 존재들을 인정하고 있지만, 이들이 인간을 창조했다거나 인간의 행불행을 좌우한다고 여기지는 않는다. 신들은 능력 면에서 인간보다 뛰어나지만 욕망의 굴레에서 벗어나지 못한 중생의 한 부류에 불과하다. 그래서 경전에 등장하는 숱한 신들은 부처님으로부터 감화를 받아 한결같이 부처님을 믿고 따르

내소사 천왕문 사천왕상
서쪽을 관장하는 광목천왕(용과 여의주), 북쪽을 관장하는 다문천왕(보탑)

며 가르침을 청해 듣고 부지런히 수행에 나선다.

　그러나 부처님은 주로 사람들을 위해서 가르침을 베풀었기 때문에 사람들이 부처님께 법을 청하여야 신들도 함께 법문을 들을 수가 있었다. 그래서 이들은 수행하는 스님과 절에 다니는 불자들을 보호하는 역할을 할 뿐만 아니라 불법과 불자들을 수호하겠다는 서원까지 세운다. 불탑의 탑신부에 신중을 조각하여 사리를 옹호하고, 경전의 내용이 전개되기 전 앞부분에 그림으로 그려 경전을 보호하며, 사찰 문에 배치하여 절을 지키도록 한 것도 이 때문이다. 이렇듯 불교에서 말하는 신들은 창조주나 유일하고 절대적인 신의 성격을 갖고 있기보다는 간절하게 가르침을 청해 듣고 수행하며 삼보를 보호하는 존재다.

또한 신중은 국가적 차원에서 여러 가지 내우외환을 진압하고 국가의 안녕을 비는 역할을 하기도 하였다. 그래서 나라를 다스리는 왕이 반야로서 국토를 수호하는 인왕(仁王)으로 섬겨지기도 하였다.

게다가 신중은 개인의 재난이나 위험을 막아 주고 복을 내리거나 여러 가지 이익을 베풀기도 한다. 이는 불보살님이 중생을 피안 내지 궁극적인 깨달음으로 인도하는 것과 대조를 이룬다. 하지만 신중은 불보살님보다 가까이에서 사람들과 만나기 때문에 중생의 고통, 원망 등을 제일 잘 알고 있다. 그래서 고려나 조선 시대의 우리 조상들은 물론이고 현재도 인도 · 동남아시아 · 중국 · 일본의 불자들은 이들 신중께 직접 기도를 올리며 복을 구한다. 이렇듯 신중님은 삼보를 수호할 뿐만 아니라 국가적 · 개인적 수호신으로서의 역할도 하고 있기 때문에 무장의 모습으로 표현하여 신장(神將)이라고 부르기도 한다. 그리스 · 로마의 신들은 옛 시대의 가상의 존재로 전락한 지 오래지만, 동아시아의 신들은 지금도 살아 있는 신으로 많은 사람의 사랑을 받고 있다.

오늘날 우리나라 사찰 법회 중 가장 인기 있는 법회가 초하루 법회인데, 초하루 법회 때는 대부분 신중기도를 올린다. 새해 정초 기도를 올릴 때도 마찬가지로 신중기도를 많이 한다. 이때 불자들은 화엄성중을 부르며 소망을 빈다. 그만큼 새로운 해 또는 새로운 달을 시작하면서 신중님께 기대하는 것이 크다는 사실을 잘 보여 준다.

신중님께 기도를 드리기만 할 것이 아니라 한 발 더 나아가 우리들이 부처님의 가르침을 수호하고 불교를 믿는 사람들을 보호하며 사찰은 물론 이 나라, 이 사회가 오염되지 않도록 수호한다면 우리들 스스로 호법신장이 되는 것이기도 하다.

우리가 바른 믿음을 지녀 부처님의 말씀을 이해하고 원력을 세워 실천하며 이 현실 속에서 성취해 갈 때 우리는 각자 바라는 것을 얻는 것은 물론, 어떤 시련과 고난, 공포와 두려움 앞에서도 당당해지고 자유로워질 뿐더러 내면의 평화와 가없는 행복을 이룰 수 있다. 이렇게 믿고 행할 때 우리는 불보살님이나 신중님으로부터 보호를 받게 되며, 동시에 우리 자신이 우리가 살아가는 아름다운 공동체를 가꾸고 수호하는 존재가 된다.

실천과제

• 문수보살, 보현보살, 관세음보살, 지장보살 등 중생을 제도하기 위해 성불을 뒤로 미룬 여러 보살님들이 상징하는 바를 알아보고, 보살님들을 본보기로 삼아 자신의 원을 세워 보자.
• 사찰 속에 깃들어 있는 신중님의 모습을 살펴보고 그 가호를 빌어 본다. 나아가 우리들 자신이 호법신장의 역할을 할 수 있도록 그 의미를 되새겨 보자.

3장

석가모니 부처님은 어떤 분이고
어떻게 사셨는가

부처님의 생애와 전법

경주 석굴암 석가여래상

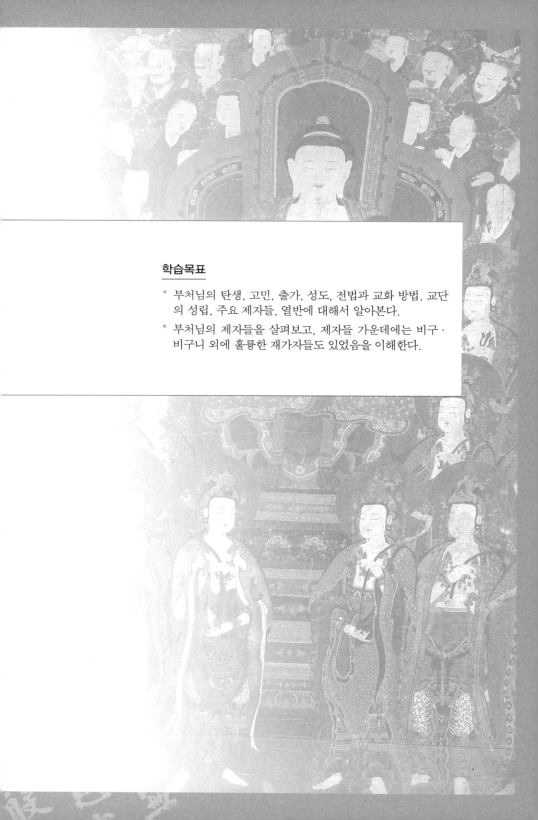

학습목표

* 부처님의 탄생, 고민, 출가, 성도, 전법과 교화 방법, 교단
  의 성립, 주요 제자들, 열반에 대해서 알아본다.
* 부처님의 제자들을 살펴보고, 제자들 가운데에는 비구·
  비구니 외에 훌륭한 재가자들도 있었음을 이해한다.

01 부처님의 생애

1) 안락한 왕자 시절

지금으로부터 2,600여 년 전, 히말라야산 기슭에 숫도다나 왕이 다스리는 까삘라왓투라는 작은 공화국이 있었다. 숫도다나 왕의 부인 마야 왕비는 어느 날 하얀 코끼리가 옆구리로 들어오는 태몽을 꾸고 잉태하였다.

열 달이 지난 뒤 마야 왕비는 룸비니 동산에서 '근심이 없는 나무[無憂樹]'의 가지를 잡고서 아기를 낳았다. 온 세상에서 가장 존귀한 존재이며, 세상의 모든 괴로움에서 벗어나 편안하게 해 주실 부처님이 나신 것이다. 아기 왕자의 이름은 싯다르타, '모든 것을 다 이룬다'는 뜻이었다. 부처님이 나신 이날은 음력 4월 8일로, 우리나라에서는 부처님 오신 날로 기리고 있다.

싯다르타는 태어나자마자 일곱 발자국을 걸으면서 "천상천하 유아독존(天上天下 唯我獨尊) 삼계개고 아당안지(三界皆苦 我當安之)"라고 외쳤다. '하늘 위 하늘 아래서 나 자체로 존귀하네. 온 세상이

예천 용문사 소장 팔상성도 중 도솔래의상(왼쪽)과 비람강생상(오른쪽)

고통이니 내가 편안케 하리라'는 뜻이다.

여기서 싯다르타가 일곱 발자국을 걸은 것은 육도윤회의 수레바퀴에서 크게 한 발 더 나아갔다는 상징적 의미가 담겨 있다. 또한 "천상천하 유아독존"이라는 외침은 '나 하나만이 제일'이라는 독불장군 식의 발언이 아니라, 천하를 당당하게 걸어가는 인간 본래 모습에 대한 외침이다. 누구나 부처라는 자기 확신이요 자기 선언이기도 하다.

아기 왕자의 탄생을 기뻐한 숫도다나 왕은 숲에서 수행하는 현자들을 초대하였다. 그들은 왕자를 살펴본 뒤에 이렇게 예언하였다.

"왕자에게는 두 갈래 길이 놓여 있습니다. 온 세상을 덕으로 다스리는 전륜성왕이 되거나 그렇지 않다면 집을 떠나 깨달음을 이루어 세상에 빛을 비추는 부처가 될 것입니다."

이 말을 들은 숫도다나 왕은 크게 기뻐하였지만, 그 기쁨은 오래가지 못했다. 마야 왕비가 출산 후 이레 만에 세상을 떠난 것이다. 그래서 싯다르타는 이모인 마하빠자빠띠의 보살핌을 받게 되었다.

숫도다나 왕은 사랑하는 왕자가 자신의 뒤를 이어 왕이 되기를 바랐다. 그래서 풍요롭고 호화로운 궁중에서 안락하게 지내며 훌륭한 왕가의 후손으로 자라나도록 세심하게 보살폈다. 매우 영특했던 왕자는 예닐곱 살이 되자 스승에게 나아가 왕자로서 갖춰야 할 모든 학문과 기술을 익혔으며 무술도 익혔다.

그러던 어느 날 까삘라왓투에서 농경제가 열렸다. 수많은 사람이 떠들썩한 축제에 정신이 팔려 있었다. 하지만 왕자는 사람들 틈을 벗어나 어느 커다란 나무 그늘 아래에 홀로 앉아 세상의 소음에서 멀리 떨어져 조용히 깊은 선정에 잠겨 들었다. 한참이 지나고 왕자를 찾아 나선 사람들은 참으로 신기한 현상을 목격하였다. 왕자에게 드리워진 나무 그늘이 전혀 움직이지 않고 있었던 것이다. 이 광경을 목격한 숫도다나 왕은 자기도 모르게 아들인 싯다르타에게 허리를 숙여 예를 올렸다.

2) 인생의 문제에 직면하다

왕자가 자주 깊은 사색에 잠기자 왕은 서둘러 혼사를 추진했다. 그리고 이웃한 꼴리야 국의 공주 야소다라를 왕자의 배필로 맞아들였다. 야소다라는 아름답고 영특했으며 자존심이 아주 강한 여인이었다. 이때가 언제였는지 부처님 일대기마다 다소 차이가 나기는 하지만, 대체로 싯다르타가 19세 되던 해의 일이라고 한다.

왕자는 화려한 궁전에서 지내며 세상의 온갖 쾌락을 만끽했다. 어쩌면 왕자는 온 세상에 지금 자기가 누리고 있는 것과 같은 젊음과 쾌락이 넘쳐난다고 생각했는지도 모른다.

그런데 어느 날 그는 조용히 사색에 잠겨 있다가 홀연히 생각했다.

"세상에 존재하는 모든 이는 한결같이 늙고 병들고 죽는 일에서 벗어나지 못한다. 그런데 다른 사람에게 그런 현상이 찾아오면 얼굴을 찡그리며 외면하고 가엾게 여기면서 바로 자신에게도 그런 현상이 찾아오리라는 것을 알지 못한다. 과연 이것이 합당할까?"

이런 사색을 조금 더 극적으로 드러내는 설도 있다. 어느 날 왕자가 마부와 함께 말을 타고 동문, 남문, 서문으로 나아갔다가 늙은 사람, 병든 사람, 죽은 사람을 목격했다. 그리고 "우리는 누구나 태어나고 늙고 병들어 죽는 과정에서 자유로울 수 없다."는 마부의 말을 듣고 왕자는 큰 충격을 받았다. 자신에게도 그와 같은 괴로운 일이 찾아오리라는 것에 몹시 불안해 하며 지내던 왕자는 마지막으로 북문으로 유람을 나갔다가 수행자를 보게 되었다. 세상의 온갖 근심과 불안에서 풀려나 자유롭고 행복하게 지내는 수행자를 보고 싯다르타 자신도 덩달아 행복을 느끼게 됐다. 이 모습을 지켜

예천 용문사 소장 팔상성도 중 사문유관상

보고 있던 어떤 여인이 "저렇게 훌륭한 아드님을 둔 부모는 얼마나 행복할까?"라고 감탄하자, 바로 이 '행복'이란 말이 싯다르타의 가슴에 깊이 새겨지게 되었다. 이렇게 사대문을 통해서 싯다르타가 고통스러운 삶의 실상을 목격하고 행복의 길을 찾아나서겠다고 결심한 과정을 사문유관(四門遊觀)이라 한다.

여기서 행복이란 바로 열반, 니르바나를 말한다. 니르바나란 '불어서 *끄다*'라는 뜻으로, 불이 꺼지듯 번뇌의 불이 꺼진 것을 말한다. 늙음과 병듦, 그리고 죽음이라는 고통의 불에 몸과 마음을 태우며 신음하는 사람들의 괴로움이 사라진 고요한 상태가 바로 니르바나다. 싯다르타는 이 세상에 고통만 있는 것이 아니라 그 고통을 넘어선 행복의 경지도 분명히 있으리라고 생각하고 커다란 행복감에 젖었던 것이다.

태어난 자는 누구나 늙고 병들고 죽어 간다. 언젠가 소멸할 지 모른다는 막연한 불안은 사람들로 하여금 자신에게 일어나는 생로병사의 엄연한 사실에 대해 눈을 감게 하고 더 큰 쾌락으로 몰아넣는다. 하지만 인간은 언젠가는 부딪히고야 마는 존재의 결말을 두

사문유관이란 석가모니 부처님이 출가하기 전 왕자였을 때, 성의 사대 문에서 생로병사의 고통을 보고 인생의 무상을 느껴 출가를 결심한 일을 말한다. 각각의 문에서 싯다르타 왕자는 다음의 사람들을 만났다.

동문 – 늙은 사람　　남문 – 병든 사람
서문 – 죽은 사람　　북문 – 수행자

려워하고 피하다 끝내 무릎을 꿇게 된다. 대체 어디에서부터 이런 괴로움의 순환은 시작되었을까?

싯다르타의 사문유관은 가장 근본적인 문제를 가장 현실적으로 인식하고 그 문제를 해결하기 위해 출범한, 구도를 위한 머나먼 항해의 시작을 암시한다고 보아야 할 것이다.

3) 출가하다

싯다르타 왕자가 출가를 결심하자 아버지 숫도다나 왕은 간곡하게 말렸다. 출가를 포기하기만 한다면 원하는 것은 무엇이든 다 들어주겠다고 말했다. 그러자 왕자는 말했다.

"만일 제게 영원한 젊음과 건강과 생명을 주실 수 있다면 출가하지 않겠습니다."

세상에서 가장 힘이 센 왕이라고 해도 영원한 젊음과 건강, 생명을 줄 수는 없었다. 결국 싯다르타는 아들 라훌라가 태어난 지 얼마 지나지 않아 가족에게 작별 인사도 하지 않고 조용히 성문을 나섰다.

온 세상이 깊이 잠들어 있는 시각, 싯다르타 왕자는 말을 타고 부지런히 성문을 향해 달렸다. 아무도 말발굽 소리에 깨어나지 않았다. 어떤 일대기에서는 세상 모든 사람의 고뇌를 어루만져 주고 지혜를 안겨 줄 붓다의 탄생을 간절하게 바라고 있던 하늘의 신들이 온 세상을 깊이 잠들게 했다고 말한다.

싯다르타 왕자는 마침내 성문 앞에 도착했다. 왕자를 등에 태운 말은 가볍게 날아올랐다. 그리하여 성문을 통과하지 않고도 성을 빠져 나갈 수 있었다. 유성출가(踰城出家), '성을 넘어 출가하다'란 바로 이 모습을 뜻한다.

성을 나온 싯다르타는 말과 마부를 돌려보낸 뒤 가지고 있던 칼

로 머리와 수염을 자르고 지나가던 사냥꾼과 옷을 바꿔 입었다. 그렇게 하자 누가 봐도 완벽한 수행자의 모습이 되었다. 이렇게 모습을 바꾼 싯다르타는 이제 스승을 찾아 길을 떠났다. 왕위도 버리고 사랑하는 아내 야소다라와 아들 라훌라마저 뒤로 한 채 깨달음의 길로 나아간 이날은 왕자의 나이가 29세 되던 해 음

예천 용문사 소장 팔상성도 중 유성출가상

력 2월 8일이었다. 오늘날에는 이날을 출가재일(出家齋日)로 기리고 있다.

부처님의 출가를 '위대한 포기'라고도 말한다. 왜 위대한 포기인가? 부친을 이어 왕이 될 일국의 왕자가 모든 세속적 가치를 과감히 버리고 떠나는 그 자기 버림으로 고통에서 헤매는 모든 사람들에게 해탈과 구원의 길을 제시해 주었기 때문이다. 더 큰 의미를 위해 자기 소유를 과감히 버린 것이다.

4) 스승을 찾아 나아가다

부처님이 태어나실 무렵 인도 사회의 주류 종교는 브라만교였다.

브라만교에서는 태초에 브라만이라는 신이 모든 피조물을 창조해 냈다고 믿고 있었다. 그리고 브라만 신을 찬양하는 의식을 집전하고 제사를 올릴 수 있는 자격은 사회의 최상위 계급에게만 있었다.

이러한 사상을 부정하며 나타난 혁신적인 종교 수행자들은 '부지런히 수행하는 사람'이라는

예천 용문사 소장 팔상성도 중 설산수도상

뜻으로 사문(沙門)이라고 불렸다. 그들은 브라만교의 성전인 베다의 권위를 부정하고 집을 떠나 걸식 생활을 하며 수행하였다.

수행자 고따마는 이러한 사상가들이 대거 몰려 있는 웨살리로 향하였다. 그곳에서 요가의 대가인 알라라깔라마를, 이후 마가다국 라자가하의 웃다까라마뿟따를 찾아가 그들이 궁극의 경지라고 여기는 선정의 단계를 체험하였다. 선정에 들었을 때는 번민도, 괴로움도 사라졌지만 선정에서 나오면 여전히 욕심과 어리석음의 존재로 돌아갔다. 그들은 자신들이 생각하는 가장 높은 경지에 오른 수행자 고따마에게 교단에 남아 함께 제자들을 가르쳐 줄 것을 요청하였지만 고따마는 거절하고 그곳을 떠났다.

이제 수행자 고따마는 치열한 고행에 들어가기로 하였다. 절대적으로 식사량을 줄이고, 호흡을 줄일 뿐만 아니라 지독하게 몸을 괴롭히는 행위를 이어 나갔다. 다른 사람들이 그가 죽었다고 착각할 정도로 그 고행은 혹독했다.

당시 고행주의자들은 자신을 윤회하게 만드는 업 물질을 고행으로 태워 버릴 수 있으며 그렇게 업 물질을 태워 버림으로써 해탈할 수 있다고 믿었다. 하지만 6년간 한결같이 고행을 해 왔던 고따마는 어느 순간부터 깊은 회의에 빠지게 되었다. 고행은 육체를 극단적으로 학대하기만 할 뿐 맑고 건전한 정신을 방해했으며, 그런 상태에서는 진정한 행복의 경지에 이를 수 없다는 판단이 섰다. 그래서 고따마는 고행을 포기하였다. 바른 길이 아니라고 판단이 내려지면 가차없이 그 길을 버리는 것이 고따마 싯다르타의 방법이었다.

5) 보리수 아래에서 수행하다

고따마는 천천히 네란자라 강으로 가서 고행하느라 돌보지 않은 육체의 더러움을 말끔하게 씻어 냈다. 그리고 때마침 수자따 여인이 가지고 온 우유죽을 받아 마시고 기력을 되찾았다. 그 광경을 본 다섯 명의 수행자들은 "고따마는 타락했다."며 그를 버리고 바라나시 녹야원으로 떠났다.

홀로 남은 고따마는 주변에서 보리수 한 그루를 발견하였다. 그 나무 아래에 마침 근처를 지나던 상인들이 올린 풀로 자리를 만들어 깔고 앉은 고따마는 결심했다.

"바른 깨달음을 얻기 전에는 결코 이 자리에서 일어나지 않으리

예천 용문사 소장 팔상성도 중 수하항마상

라."

경전에서는 성불을 앞둔 고따마 싯다르타를 보살이라고 부른다. 지혜를 얻기 위해 수행하는 사람, 부처가 될 것이 확정된 사람이라는 뜻이다.

보리수 아래 반듯하게 자리를 잡고 앉은 보살 앞에 마왕 파순이 나타났다. 마왕은 사람들로 하여금 탐욕과 성냄과 어리석음에 이끌려 악업을 짓게 만들고 그로 인해 생사윤회를 반복하게 하는 어둠의 그림자다. 마왕은 부처가 탄생하는 것이 두려워 보살을 보리수 아래에서 쫓아내려고 했다. 하지만 마왕이 위협하고 회유하는 등 온갖 방법을 동원해도 보살은 흔들리지 않았다.

결국 마왕은 이렇게 따졌다.

"성불하려면 아주 많은 선행을 쌓아야 하는데, 당신이 그만큼 선업을 지었다는 걸 누가 증명할 수 있느냐?"

석가보살은 참선하는 자세에서 조용히 오른손을 풀어 아래로 드리웠다. 그의 손가락은 대지를 가리켰다. 그러자 대지가 크게 진동하면서 외쳤다.

"내가 증명합니다."

이 소리에 마왕과 그를 따르던 무리가 크게 놀라 사라졌다. 마침내 조용해진 보리수 아래에서 보살은 천천히 선정에 잠겨 갔다. 석가보살이 자신이 성불할 자격을 갖추었음을 증명하기 위해 오른손으로 대지를 가리킨 이 손 모양을 항마촉지인이라고 한다.

6) 깨닫다

그토록 끈질기게 자신을 따라다니며 괴롭히던 마왕도 물리쳤고, 세상은 깊은 잠에 잠겨 있다. 적막한 세상 속에서 보살만이 홀로 깨어 생사란 대체 무엇이며, 어떻게 생겨났는지, 생사를 벗어난 영원한 행복을 얻기란 과연 불가능한 것인지에 대해 깊은 삼매에 잠겨 사색하고 있었다. 그리고 새벽녘에 보살은 깨달았다. 태어나서 늙고 병들어 죽어 가며 고통의 눈물을 흘리는 이 사바세계가 아니라, 나고 죽음이 사라진 해탈 열반의 세계가 보살을 향해 문을 활짝 열었던 것이다.

이제 그에게는 나고 죽는 일 따위는 더 이상 존재하지 않게 되었다. 그는 부처가 되었다. 부처님이 35세 되던 해 음력 12월 8일인 이날은 성도재일(成道齋日)이라 하는데, 사실상 '불교'가 시작된 매우 뜻깊은 날로 여겨지고 있다.

깨달음을 얻고 난 부처님은 여러 나무 아래로 옮겨 다니면서 인간이 왜 늙고 죽음의 괴로움을 겪고 있는지, 그 괴로움과 불안에서 벗어날 길은 없는지를 더 깊이 사색했다. 그리고 연기의 이치를 터득하며 보리수 아래에서 법의 온전하고 깨끗한 기쁨을 만끽했다.

7) 세상으로 나아가다

부처님은 누구에게 가장 먼저 이 가르침을 들려줄 것인지 살폈다. 마지막까지 함께 고행을 하였던 다섯 명의 수행자를 떠올리고는 그들이 머물고 있는 바라나시 녹야원으로 향했다. 녹야원까지의 거리를 우리 나라로 비유하자면 서울에서 구미까지에 해당하는 먼 거리였다. 하지만 진리를 전하기 위해 터벅터벅 걸어갔다.

부처님은 다섯 명의 수행자에게 그들이 현재 하고 있는 고행이 왜 그릇된 것인가를 지적하기 위해 '중도(中道)'의 가르침을 펼쳤다. 전통 종교나 사상의 극단에 매몰되지 않고 새로운 깨달음의 길과 인간이 나아갈 방향을 중도로 밝히신 것이다.

이어서 괴로움에 대해 정확하게 인식하고 그 원인과 소멸을 알아야 함을 알려 주었으며, 괴로움을 없애는 여덟 가지 바른 길인 팔정도(八正道)를 들려주셨다. 이들 다섯 명의 수행자는 부처님에

아라한(阿羅漢, arhan)이란 번뇌를 남김없이 끊은 경지에 오른 사람으로 초기불교에서 최고의 이상적인 인물을 가리키는 말이다. 줄여서 나한 이라고 하는데, 오늘날 한국 사찰의 나한전 등에 모셔져 있다.

은해사 영산전
나한상 일부

게 가르침을 전해 듣고 성자(아라한)가 된 최초의 제자였다.

며칠 뒤 야사와 그의 친구들이 부처님 계신 곳으로 다가와 법문을 듣고 성자가 되었다. 그리하여 세상에는 부처님과 그 제자인 60명의 성자가 생겨났다. 아들 야사를 찾아온 부모는 부처님으로부터 가르침을 듣고 최초의 재가신자가 되었다. 이리하여 세상에는 법을 설하는 부처님[佛]과 가르침[法], 그리고 수행 공동체[僧]의 삼보가 갖추어졌다.

부처님은 아라한의 경지에 오른 제자들에게 이렇게 말했다.

"비구들이여, 전법의 길을 떠나라. 많은 사람의 이익과 안락과 행복을 위하여, 세상을 불쌍히 여기고 인간과 신들의 이익과 행복과 안락을 위하여 전법의 길을 떠나되 두 사람이 같은 길을 가지 말라. 나 또한 법을 설하기 위해 우루웰라로 가리라."

– 『잡아함경』 제39권

예천 용문사 소장 팔상성도 중 녹원전법상

3장 석가모니 부처님은 어떤 분이고, 어떻게 사셨는가

진리의 수레바퀴는 인도의 북쪽 땅 녹야원에서 천천히 구르기 시작하여 세상을 향해 나아갔다. 수많은 사람이 부처님을 뵙고 가르침을 전해 들었다. 부처님은 남녀노소와 신분의 귀천을 가리지 않고 모든 사람을 만났다. 어떤 이들은 온갖 괴로움에서 완전히 벗어났고, 어떤 이들은 세속에 머물러 살면서도 선업을 짓고 세상을 위해 최선을 다하는 사람으로 다시 태어났다. 세상은 지혜와 자비의 감로법문으로 목을 축였고, 눈을 떴다. 35세에 깨달음을 이룬 부처님은 그렇게 사람들을 만나 진리의 세계로 이끌면서 45년을 지내셨다.

8) 완전한 열반에 들다

평생 인도 곳곳을 맨발로 다니며 숱한 사람에게 가르침을 펼치신 부처님에게 사람들은 깊은 경배와 찬탄을 바쳤다. 하지만 고향인 사꺄족이 멸망하고, 으뜸가는 제자였던 사리뿟따와 목갈라나가 먼저 세상을 떠났으며, 데와닷따가 교단을 분열시키는 풍파도 있었다. 어떤 이들은 부처님을 모함하여 엄청난 모욕을 퍼붓기도 하였다. 그러나 부처님은 그 어떤 것에도 흔들리지 않았다. 세상의 칭송에 우쭐해지거나 비방에 위축되지도 않고, 한없는 자비를 품었지만 담담한 마음으로 세상 사람들에게 가르침을 전하며 일생을 보냈다.

어느덧 80세에 이른 부처님은 이제 마지막 전법 여행에 나섰다. 아직까지 부처님을 만나지 못한 사람들에게 마지막 가르침을 전파

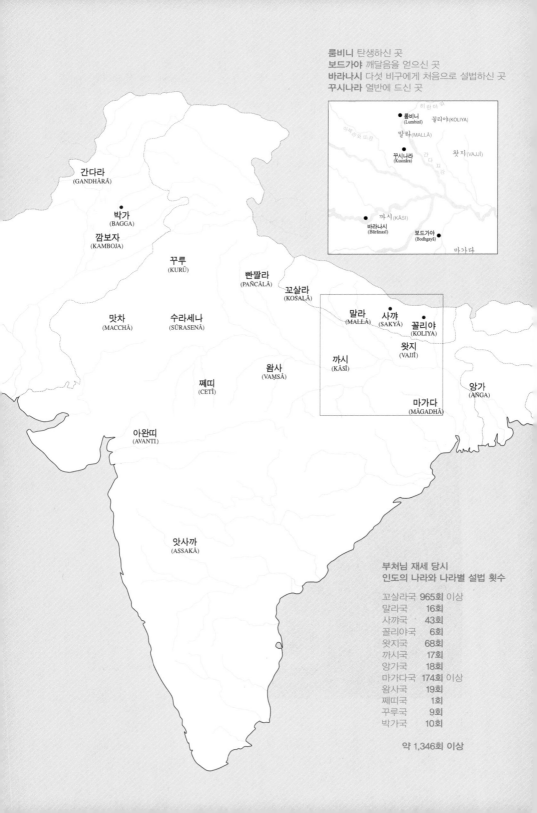

룸비니 탄생하신 곳
보드가야 깨달음을 얻으신 곳
바라나시 다섯 비구에게 처음으로 설법하신 곳
꾸시나라 열반에 드신 곳

히말라야
룸비니
(Lumbinī)   꼴리야(KOLIYA)
말라(MALLĀ)
꾸시나라   왓지(VAJJĪ)
(Kusināra)   간
다
까
까시(KĀSI)
바라나시
(Bārānasī)   보드가야
(Bodhgayā)
마가다

간다라
(GANDHĀRĀ)

박가
(BAGGA)
깜보자
(KAMBOJA)

꾸루
(KURŪ)

빤짤라
(PAÑCĀLĀ)

꼬살라
(KOSALĀ)

맛차
(MACCHĀ)

수라세나
(SŪRASENĀ)

말라
(MALLĀ)   사꺄
(SAKYĀ)   꼴리야
(KOLIYA)

왓지
(VAJJĪ)

왐사
(VAMSĀ)

까시
(KĀSI)

쩨띠
(CETĪ)

앙가
(AṄGA)

마가다
(MĀGADHĀ)

아완띠
(AVANTI)

앗사까
(ASSAKĀ)

부처님 재세 당시
인도의 나라와 나라별 설법 횟수

꼬살라국 965회 이상
말라국   16회
사꺄국   43회
꼴리야국   6회
왓지국   68회
까시국   17회
앙가국   18회
마가다국   174회 이상
왐사국   19회
쩨띠국   1회
꾸루국   9회
박가국   10회

약 1,346회 이상

하면서 천천히 최후의 땅인 꾸시나라로 나아가신 여정은 『마하파리닙바나』라고 하는 경에 자세하고 감동적으로 펼쳐져 있다.

부처님은 열반에 들 때까지 틈나는 대로 제자들과 신자들에게 유언과도 같은 말씀을 들려주셨다.

"아난이여, 나는 이제 늙고 지쳤다. 인생의 기나긴 길을 걸어와 어느 사이 노령에 이르렀다. 여든이 되니 이 몸을 움직이는 것이 마치 낡은 수레가 가죽 끈의 도움으로 간신히 움직이는 것과 같구나. 세상은 이처럼 덧없는 것이다. 그러니 너희들은 부디 이 세상에서 스스로를 섬으로 삼고 스스로를 의지하라. 다른 것을 의지하지 말라. 법을 섬으로 삼고

예천 용문사 소장 팔상성도 중 쌍림열반상

법을 의지하되 다른 것을 의지하지 말라."
– 『마하파리닙바나』

부처님의 이러한 말씀은 『대반열반경』에도 다음과 같이 언급되어 있다.

스스로를 등불로 삼고 진리를 등불로 삼으라. [自燈明 法燈明]
스스로에 의지하고 진리에 의지하라.　　　[自歸依 法歸依]

인간은 덧없는 존재이면서 탐욕과 분노와 어리석음을 안고 살아가는 존재다. 하지만 부처님은 그렇게 불완전한 자기 자신이 바로 깨달음을 이루고 실천해 가는 주인공임을 거듭 강조하셨다. 부처님이 세상을 떠나신 뒤에 믿고 의지할 만한 대상은 자기 자신과 부처님이 남겨 놓은 법밖에 없다는 말씀은 많은 생각할 거리를 안겨 준다.

이 세상에는 영원한 것이 없어서 아무리 불생불멸의 진리를 깨달은 부처님이라 할지라도 그 육신은 무너지기 마련이다. 대장장이 쭌다에게 마지막 공양을 받으신 뒤에 부처님은 꾸시나라의 조용한 들판, 사라나무 두 그루가 서 있는 곳에 도착하셨다. 부처님은 그곳에서 머리를 북쪽으로 향하고 오른쪽 옆구리를 바닥에 대고 누우셨다.

"모든 것은 변한다. 게으름 피우지 말고 정진하라."

이렇게 마지막 가르침을 남기신 뒤 조용히 선정에 드신 채 완전한 열반으로 들어가셨다. 사라나무가 홀연히 아름다운 꽃을 피우더니 열반에 드신 부처님 몸 위로 향기로운 꽃을 흩뿌렸다. 길에서 태어나 일평생 맨발로 길을 다니시며 사람들에게 진정한 자유의 가르침을 베푸신 인류의 스승, 위대한 성자는 그렇게 길 위에서 마지막 숨을 거두신 것이다. 이날이 음력 2월 15일로, 오늘날 열반재일(涅槃齋日)이라 하여 기념한다.

02 부처님의 제자들

부처님에게는 네 부류의 제자들이 있었다. 이 제자들은 부처님의 뒤를 따르며 가르침을 받았다. 이들은 언제나 부처님의 가르침을 존경하고, 한마음으로 귀를 기울여 법을 들었으며, 가르침대로 살아갔다.

부처님처럼 가정을 떠나 수행 공동체 안에서 생활하며 오로지 수행하는 일에 전 생애를 바친 제자들 가운데 남성 출가자는 비구, 여성 출가자는 비구니라 불렀다. 이들은 철저하게 무소유의 정신을 따르며 하루 한 끼의 탁발과 세 벌의 옷에 만족하며 살았다. 이들 비구와 비구니에 대한 이야기는 여러 경전에 등장한다.

최초로 부처님의 제자가 된 다섯 비구를 비롯하여 젊은 야사와 그의 친구들, 그리고 당시 강대국이었던 마가다 국에서 사람들의 존경을 한몸에 받았던 깟사빠 삼형제 역시 부처님의 제자가 되었다.

그들 외에도 부처님에게는 수많은 비구 제자가 있었는데, 이 가

3장 석가모니 부처님은 어떤 분이고, 어떻게 사셨는가

운데 대표적인 제자로 10대 비구를 든다.

부처님이 중생의 아버지와 어머니와도 같은 인물이라고 칭찬했던 지혜제일 사리뿟따(사리불)와 신통제일 목갈라나(목련), 누구보다 엄격하게 수행 규율을 지켰던 두타제일 마하깟사빠(대가섭), 25년 동안 부처님의 시자로 지내면서 가르침을 가장 열심히 듣고 잘 기억한 다문제일 아난다(아난), 그리고 부처님의 친아들이지만 은밀하게 티 내지 않고 자신의 길을 간 밀행제일 라훌라(라후라), 사회에서는 신분이 낮은 이발사였지만 출가한 이후 계율을 지키는 데 가장 뛰어났던 지계제일 우빨리(우바리), 설법을 듣다 졸았던 자신의 행동을 참회하면서 평생 잠을 자지 않고 정진하겠다고 원을 세웠으며 그로 인해 보통 사람을 뛰어넘은 눈을 가지게 된 천안제일 아누룻다(아나율), 공(空)의 이치에 가장 환했던 해공제일 수부띠(수보리), 까다로운 교리를 치밀한 논리로 개진하는 데 뛰어난 능력을 지녔던 논의제일 깟짜나(가전연)와 법을 전하기 위해 목숨까지도 내던진 설법제일 뿐나(부루나)가 바로 그 주인공들이다.

비구뿐만 아니라 수행을 열심히 하여 부처님에게서 최고라는 찬탄을 들은 비구니도 많았다. 가장 먼저 여성 출가자 공동체인 비구니 승단이 생겨나게 한 마하빠자빠띠를 들 수 있다. 마하빠자빠띠는 싯다르타 태자의 이모이자 사꺄족 왕비로서 태자를 지극한 사랑으로 기른 사람으로, 나중에 고향을 방문한 부처님을 따라 출가하였다. 또한 뛰어난 지혜를 가진 케마, 사랑하는 외아들을 잃고 깊은 절망에 빠졌다가 부처님에게 가르침을 듣고 아라한이 된 끼

석굴암 10대 제자상

① 지혜제일 사리뿟따   ② 신통제일 목갈라나
③ 두타제일 마하깟사빠   ④ 해공제일 수부띠
⑤ 설법제일 뿐나   ⑥ 논의제일 깟짜나
⑦ 천안제일 아누룻다   ⑧ 지계제일 우빨리
⑨ 밀행제일 라훌라   ⑩ 다문제일 아난다

3장 석가모니 부처님은 어떤 분이고, 어떻게 사셨는가

죽림정사의 현재 모습

사고따미, 신통력이 뛰어났던 웁빨라완나, 가르침을 설하는 데 으뜸이었던 담마딘나 등이 있다.

　석가모니 부처님은 평생 매일 아침마다 마을로 탁발을 하러 다녔다. 세속을 떠난 출가자의 신분이었지만 세상 사람들과 단절된 삶을 산 것은 아니었다. 세속 사람들은 매일 아침 부처님과 스님들에게 공양을 올리며 신심과 복덕과 지혜를 키워 갔다. 무소유의 정신으로 지내는 비구, 비구니의 수행 생활을 돕는다는 뜻으로 남성 재가신자는 우바새, 여성 재가신자는 우바이라고 불렀다.

　남성 재가신자들 가운데 몇몇을 살펴보면 가장 먼저 땁뿟사와 발리까라는 두 명의 상인을 들 수 있다. 이들은 성도하신 직후의 부처님에게 떡과 꿀을 올린 최초의 남성 재가신자다. 또한 매우 부유한 사업가이면서 기원정사를 건립하여 승가에 보시한 일을 비롯

하여 승가와 이웃에게 아낌없이 자신의 재산을 베푼 수닷따 장자(급고독장자), 재가신자이면서도 가르침을 설하는 데 으뜸이었던 찟타 장자, 친절하고 다정하게 말을 건네기로 으뜸이었던 나꿀라삐따 장자 등이 있다. 한편 마가다 국의 빔비사라 왕은 석가모니 부처님이 출가한 직후 우정을 맺고 최초의 사원인 죽림정사를 기증하였고, 꼬살라 국의 빠세나디 왕은 부처님에게 나아가 인생에 대한 온갖 이야기를 나누는 것을 평생 기쁨으로 삼았다. 승단의 주치의였던 지와까는 부처님께 가사 공양을 올린 것으로 유명하다.

그렇다면 여성 재가신자들로는 어떤 사람이 있을까? 고행을 버린 수행자 고따마에게 영양가 넘치는 우유죽을 공양 올린 최초의 여성 재가신자 수자따, 그리고 사랑하는 외아들이 출가하자 부처님에게 귀의한 야사의 어머니, 승가와 이웃들에게 아낌없이 보시하기로 으뜸이었던 위사카, 신분이 낮고 장애를 가졌지만 부지런히 법문을 들으러 다녀서 많이 공부하기로 으뜸이었던 쿳줏따, 환자 돌보기로 으뜸이었던 숩삐야 등이 대표적이다. 그 밖에도 꼬살라 국의 말리까 왕비는 빠세나디 왕을 부처님에게 인도해서 나라를 바르게 통치하도록 내조했으며, 마가다 국의 웨데히 왕비는 지독한 절망에 빠졌을 때 석가모니 부처님을 간절하게 그리며 고통을 이겨냈다. 나꿀라마따는 남편과 함께 절에 와서 가르침 듣는 것을 노년의 낙으로 삼았으며, 다음 생에도 부부로 만날 수 있는 방법을 여쭌 것으로도 유명하다.

　부처님 곁에는 언제나 사람들이 있었다. 그중에는 물론 부처님을 모함하기도 하고, 보란 듯이 가르침을 저버리는 사람도 있었다. 하지만 부처님은 열반에 드실 때까지 사람들을 만나고 그들을 위해 가르침을 펼쳤다. 그래서 부처님을 가리켜 길에서 태어나, 길에서 살다, 길에서 삶을 마친 큰 스승이라고 한다. 세상을 향해 지혜와 자비를 아낌없이 베풀었던 부처님의 감로법문을 함께 나눈 제자들과 신자들은 부처님을 향해 오래도록 존경과 공양을 올렸다. 이제 부처님의 다음 제자는 바로 당신이다.

실천과제

• 부처님의 생애에 대한 책을 읽어 보고, 부처님의 삶과 그 속에 녹아 있는 가르침을 통해 감동을 느껴보자.
• 부처님이 출가한 의미와 깨달음의 가치를 고찰해 보고, 부처님이 강조하신 전법의 정신을 실천해 보도록 하자.

4장

부처님의 가르침을 통해
무엇을 배울 것인가

부처님의 가르침과 삶의 방향

합천 해인사 대장경판

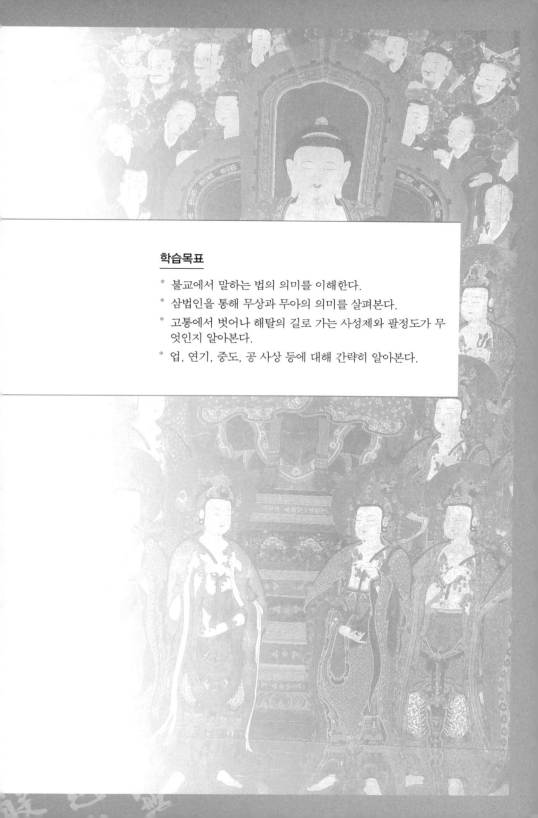

학습목표

* 불교에서 말하는 법의 의미를 이해한다.
* 삼법인을 통해 무상과 무아의 의미를 살펴본다.
* 고통에서 벗어나 해탈의 길로 가는 사성제와 팔정도가 무엇인지 알아본다.
* 업, 연기, 중도, 공 사상 등에 대해 간략히 알아본다.

01
법에 깃들어 있는 의미

불교는 부처님의 가르침을 말한다. 이 가르침을 법(法)이라 하는데, 법은 불교에서 가장 소중하다고 여기는 세 가지 보물 가운데 하나다.

법은 산스크리트 다르마(dharma) 또는 빨리어 담마(dhamma)를 한역한 말로, 이 말 안에는 아주 많은 뜻이 들어 있다. 앞서 말한 것과 같이 부처님이 깨달은 진리를 뜻할 뿐만 아니라 법칙·행위 규범·의무·사회 제도·정의·질서·착한 행위·종교적 의무 등 다양한 뜻을 가지고 있다. 또한 세상에 존재하는 모든 것, 내가 상대하고 있는 대상들을 가리키는 말로도 쓰인다.

따라서 경전을 읽거나 법문을 들을 때 '법'이라는 말이 나오면 그것이 부처님의 가르침인 진리인지, 아니면 세상에 존재하는 모든 것을 일컫는 말인지를 잘 가려서 받아들여야 한다. 특히 부처님이 깨달은 진리라는 뜻으로 법이라고 할 때 반드시 기억해야 할 점이 있다. 그 법은 부처님이나 다른 누군가가 만든 것이 아니라는 점이다. 부처님도 이 점을 분명하게 밝히고 있다.

어느 때 한 비구가 부처님에게 나아가서 이렇게 여쭈었다.

"세존이시여, 이 법은 세존께서 만드신 것입니까? 아니면 다른 누군가가 만든 것입니까?"

세존께서 답하셨다.

"이 법은 내가 만든 것도 아니고, 다른 누군가가 만든 것도 아니다. 법은 여래가 세상에 나타나셨거나 나타나지 않았을 때에도 늘 머물러 있다. 여래는 그 법을 스스로 깨달은 뒤에 모든 중생을 위해 잘 분별해서 들려주고 눈앞에 드러내 보이는 것이다."

– 『잡아함경』 제12권, 299경

법은 나고 죽는 가운데 괴로워하던 중생을 거룩한 부처님으로 거듭나게 했다. 부처님은 스승 없이 스스로의 힘으로 깨달음을 이루셨는데, 진리인 법을 깨달아 부처가 되었으므로 법을 존중하고 의지해 살기로 다짐하였다.

"오직 바른 법이 있어서 내가 스스로 그것을 깨달아 위없이 완전한 깨달음을 이루었으니, 나는 그 법을 공경하고 존중하며 섬기고 의지해 살아야겠다. 과거와 미래의 모든 부처님도 그렇게 살았고 그렇게 살 것이기 때문이다."

– 『잡아함경』 제44권, 1188경

석가모니 부처님이 바로 그 법(진리)을 존중하며 살겠다고 다짐
하였듯이 불교에 입문한 사람도 법을 소중하게 받들고 의지해야
한다. 그런 가운데 법이 어떤 내용으로 이뤄져 있는지를 잘 이해하
고 부처님처럼 완벽하게 꿰뚫어야 한다. 하지만 사람들은 이를 잘
몰라서 스스로 괴로움을 불러들인다. 따라서 법을 잘 이해하고 깨
달아 자신의 괴로움을 해결하여 완전한 평온을 얻고, 나아가 세상
을 위해 봉사하며 세상 모든 사람이 완전한 평온을 얻을 수 있도록
노력해야 한다.

02
우리가 알고
실천해야 할
부처님의 가르침들

1) 세상이 지니고 있는 세 가지 속성(삼법인)

어떤 사람이 광야에서 아주 큰 코끼리에게 쫓기고 있었다. 미친 듯이 달아났지만 몸을 숨길 곳은 없었다. 그러다 마침 우물 하나를 발견한 그는 우물 안으로 뻗어 내려가 있는 나무뿌리를 잡고 우물 속으로 급하게 내려갔다. 그리고 미친 듯이 달려오는 코끼리를 피했으니 일단 안도의 숨을 내쉬었다. 하지만 위를 쳐다본 순간 깜짝 놀랐다. 나무뿌리를 검은 쥐와 흰 쥐 두 마리가 갉아 먹고 있었기 때문이다. 저러다 뿌리가 끊어지면 바닥에 떨어질 텐데 하는 생각에 우물 바닥을 내려다보았을 때 그는 경악했다. 커다란 독사 세 마리가 그가 떨어지기만을 기다리고 있었기 때문이다. 그런데 설상가상으로 우물 벽에는 독사 네 마리가 똬리를 틀고 그를 노리고 있었다. 다시 우물 밖으로 나갈 수도 없는 노릇이었다. 우물 밖 황야에는 성난 코끼리가 그를 기다리고 있었기 때문이다. 이러지도 저러지도 못하는 상황에서 문득 그는 자신의 얼굴 위로 떨어지는 꿀을 맛보게 되었다.

한 방울, 두 방울…. 다섯 방울의 달콤한 꿀이 그의 입안으로 떨어지자 그 달콤함에 취한 그는 자신이 지금 얼마나 절체절명의 상황에 놓여 있는지를 잊어 버렸다.

– 『빈두로위우타연왕설법경』

지금 우리가 살고 있는 현실을 이보다 더 적절하게 비유한 경전 구절은 없을 것이다. 황야는 나고 죽는 윤회의 세상을 의미하고, 성난 코끼리는 죽음을 의미한다. 우물은 인간 세계를 뜻하고, 그 속으로 내려갔다는 것은 인간의 삶을 의미한다. 나무뿌리를 갉아 먹는 검은 쥐와 흰 쥐는 쉬지 않고 목숨을 잠식해 들어가는 밤과 낮, 즉 세월을 말하며, 우물 바닥의 큰 뱀 세 마리는 악업을 지으면 가게 되는 지옥과 아귀와 축생의 세계, 우물 벽의 네 마리 독사는 한시도 쉬지 않고 변하고 무너지는 인간의 몸을 구성하는 네 가지 요소, 지·수·화·풍을 의미한다. 또한 그의 입안으로 떨어지는 꿀 다섯 방울은 눈, 귀, 코, 혀, 몸이라는 다섯 가지 감각기관을 통해 외부로부터 들어오는 다섯 가지 욕망을 의미한다. 죽음과 무상함이라는 커다란 위험에 직면해 있어 한시도 안심할 수 없는 것이 우리 보통 사람의 삶이건만 당장 재물욕·성욕·식욕·명예욕·수면욕의 다섯 가지 달콤한 욕망에 취해 그 위험을 잊고 살아감을 비유한 내용이다.

세상에 영원한 것은 없다는 사실은 누구나 잘 알고 있다. 하지만 덧없다[無常]는 이 이치가 다른 누구도 아닌 나 자신에게도 일어나리라고는 생각하지 못한다. 덧없음, 이것은 이 세상 어느 누구도, 그 무엇도 피해 갈 수 없는 이치다. 한마디로 내가 바라는 상태로 영원히 이어지는 것은 없다는 말이다.

우리는 누구나 행복하기를 바란다. 그렇다면 행복이란 어떤 상태일까? 바로 안락하고 편한 상태라 할 것이다. 하지만 그 안락하고 편한 상태가 하루이틀만에 끝나 버린다면 행복이라고 할 수 없다. 그래서 우리는 안락하고 편한 상태가 찾아오면 가급적 오래 곁에 머물러 주기를 바란다. 그러므로 행복이란 안락하고 편한 상태가 변함없이, 또 영원히 지속되는 것이라 할 수 있다.

하지만 세상을 보자. 과연 영원히 변하지 않고 이어지는 것이 있을까? 아니다. 모든 것이 속절없이 변하고 달라진다. 이와 같이 세상은 덧없다는 사실이 부처님이 파악한 세상의 첫 번째 속성인 무상(無常), 즉 제행무상(諸行無常)이다.

이렇게 세상은 내 뜻대로 되지 않고 내가 원하지 않는 방향으로 변해 간다. 이를 막아 보려 애를 써 봐도 부질없다. 변하고 달라지는 것을 막으려니 힘이 들고, 그 변화를 수긍하고 받아들이는 것도 힘이 든다. 그래서 우리는 괴로워한다. 세상은 이렇게 괴로움으로 가득 차 있다는 것이 부처님이 파악한 세상의 두 번째 속성인 고(苦), 즉 일체개고(一切皆苦)이다.

이처럼 무상하고 괴롭기 짝이 없는데, 무엇을 '나' 혹은 '나의 것'

이라고 주장할 수 있겠는가. 이런 것은 내가 아니고 나라고 할 수 없으며 내 것이라 할 수도 없다. 이것이 부처님이 파악한 세상의 세 번째 속성인 무아(無我), 즉 제법무아(諸法無我)라 일컫는다.

『불설시아소경』에서는 새의 비유를 들어 아주 흥미롭게 무아의 가르침을 들려준다.

아주 깊은 산에 필발이라는 약초 나무가 있었다. 이 나무 위에 새 한 마리가 살고 있었는데 그 새의 지저귀는 소리가 '내 것[我所], 내 것[我所]'이어서, 이것이 새의 이름이 되었다. 그런데 열매가 익는 계절이 되자 사람들이 몰려왔다. 필발나무의 열매를 약으로 썼기 때문이다. 사람들이 앞다투어 열매를 따 가자 '내 것' 새는 비명을 지르며 소리쳤다.

"내 것이다. 내 것이다. 가져가지 마라. 내 것을 따 가면 나는 싫다."

'내 것' 새가 쉴 새 없이 지저귀었지만 사람들은 그 소리의 뜻을 알아듣지 못한 채 부지런히 열매를 땄다. '내 것' 새는 열매가 없어질까 걱정이 되어서 쉬지 않고 소리를 질렀고 결국 죽고 말았다.

내 몸과 내 재산, 내 자식…. 이 모든 것이 진짜 '내 것'이라면 내가 원하는 대로 머물러 주거나 내 뜻대로 움직여 줘야 하는데 그렇지 않다는 것을 비유적으로 설명한 구절이다. 내 것뿐이겠는가. 우리가 '나'라고 당연하게 여기는 이 몸과 마음은 오온(五蘊)으로 이뤄져 있으며, 이조차 내 것이 아니요, 내가 아니라고 불교에서는 말한다. 나 자신조차 매 순간 변한다. 고정된 모습으로서의 '나'라거나 영원히 변하지 않는 실체로서의 '나'는 없다. 그러므로 괴롭다고 할 때 그 괴로움의 실체 또한 없다. 이렇게 '나', '나'라는 실체, 그리고 괴로움의 실체도 없다는 무아를 통찰하게 되면, 괴로움에서 자유롭게 된다.

세상의 모든 존재가 한결같이 지니고 있는 이 세 가지 특징을 삼법인(三法印)이라고 한다. 부처님은 이와 같은 세상의 특징을 잘 관찰해야 한다고 누누이 강조하였다.

> "이 세상의 모든 것은 무상하다. 무상한 것은 괴로움이요, 괴로운 것은 나라고 할 수가 없다. 이렇게 관찰하는 것을 바른 관찰이라고 하며, 이렇게 관찰하면 온갖 괴로움에서 벗어나 해탈한다."
> - 『잡아함경』 제1권, 10경

그리고 이 삼법인에 '열반적정(涅槃寂靜)'을 덧붙여 사법인(四法印)이라고 말하기도 한다. 열반은 모든 번뇌의 불꽃이 사라져 아주 고요하고 안온한 상태를 뜻한다. 모든 것이 무상하고 무아인 것을 통찰하면 열반적정이요, 무상과 무아를 모르고 집착하면 모든 것이 괴롭다는 일체개고다.

2) 네 가지 성스러운 진리(사성제와 팔정도)

어느 때 부처님께서 말씀하셨다.

"비구들이여, 여덟 가지 세속의 이치 때문에 세상이 펼쳐진다. 그 여덟 가지란 무엇인가? 이익과 손해, 명예와 폄훼, 칭찬과 비난, 즐거움과 괴로움이다. 배우지 못한 보통 사람들은 이러한 여덟 가지가 자신에게 닥치면 그것이 무상하고 괴롭고 변하는 것이라고 있는 그대로 분명히 알지 못한다. 그래서 이 여덟 가지에 마음이 이끌리고 붙들려서 이 가운데 이익과 명예와 칭찬과 즐거움에 빠져들고, 손해와 폄훼와 비난과 괴로움을 밀어내려고 안간힘을 쓴다. 그런 까닭에 배우지 못한 보통 사람들은 온갖 괴로움에서 벗어나지 못하는 것이다. 하지만 잘 배운 제자들은 이 여덟 가지가 자신에게 일어나도 이것은 한결같이 무상하고 괴롭고 변하는 것이라고 있는 그대로 분명히 안다. 있는 그대로 분명히 알기 때문에 이익과 명예와 칭찬과 즐거움에 휘둘리지 않고, 손해와 폄훼와 비난과 괴로움에도 휘둘리지 않는다. 휘둘리지 않기 때문에 온갖 괴로움에서 벗어나는 것이다."

– 『앙굿따라 니까야』

이익과 손해, 명예와 폄훼, 칭찬과 비난, 즐거움과 괴로움이라는 여덟 가지 세속의 이치를 세속팔풍(世俗八風)이라고 한다. 우리는 일생을 살면서 한시도 쉬지 않고 이 여덟 가지 가운데 한 가지 이상의 것을 맞닥뜨리게 된다. 그러다 보니 한시도 편안하고 쾌적한 상태로 지낼 수가 없다. 늘 무엇인가에 부대끼며 살다가 잠시 행복해지면 마음을 놓지만 이내 그 행복은 멈추거나 식어 버린다. 그래서 어느 사이엔가 그 행복을 지키기 위해 안간힘을 쓰는 자신을 발견하게 된다. 이런 까닭에 부처님은 즐거움조차도 괴로움에 지나지 않는다고 말씀하셨다. 우리가 느끼는 즐거움이란 것도 결국 무상하기 때문이다. 그런데 사람들은 즐거움도 무상하다는 것을 알지 못하고 자신에게 찾아온 즐거움은 영원하리라고 생각하기 때문에 그 즐거움이 사라지거나 약해지면 괴롭다고 느끼게 되는 것이다.

세상을 살다보면 저마다 온갖 괴로움을 느낀다. 불교에서는 가장 대표적인 괴로움으로 여덟 가지를 든다. 태어남, 늙음, 병듦, 죽음의 네 가지 괴로움과 함께, 미워하는 자와 만나는 괴로움, 사랑하는 자와 헤어지는 괴로움, 구하는 것을 얻지 못하는 괴로움, 요약하자면 세상의 모든 괴로움을 겪으며 살아가야 하는 인간 존재 그 자체가 괴로움이다.

사람들은 괴로움이 찾아오면 벗어나려고 몸부림을 친다. 그러다 조금이라도 위안거리를 만나면 언제 괴로웠냐는 듯 잊어 버리거나

사고(四苦) : ① 생(生; 태어남), ② 노(老; 늙음), ③ 병(病; 병듦), ④ 사(死; 죽음)의 네 가지 고통
팔고(八苦) : 사고(四苦), ⑤ 미워하는 사람과 만나는 고통〔怨憎會苦〕, ⑥ 사랑하는 사람과 헤어지는 고통〔愛別離苦〕, ⑦ 구하는 것을 못 얻는 고통〔求不得苦〕, ⑧ 나와 나의 것에 집착하며 살아가야 하는 인간 존재 그 자체의 고통〔五陰盛苦〕

자신의 괴로움을 애써 외면한다. 하지만 부처님은 자신에게 닥친 괴로움을 정확하게 파악하고 직시하라고 제안한다. 괴로움이라는 현실을 뼈저리게 바라보고 알아야 우리가 극복하고 나아갈 수 있기 때문에, 이를 하나의 성스러운 이치를 꿰뚫어 보는 고성제(苦聖諦)라고 한다.

그런데 이와 같은 괴로움에는 반드시 그 원인이 있다. 내가 겪고 있는 현실의 괴로움을 막연히 신이 주신 시험이라거나 전생의 업장 때문이라 여기지 말고 정확히 어디에서 기인하는가에 대해 심사숙고해야 한다. 그러면 존재를 유지하려는 강력한 애착 때문에 괴로움이 일어났음을 알게 된다. 이를 괴로움의 원인을 아는 성스러운 이치, 집성제(集聖諦)라고 한다.

부처님은 원인을 알게 되면 우리에게 찾아온 괴로움을 소멸하는 길로 나아갈 수 있다고 단언한다. 그 원인이 무엇인지를 제대로 찾아내어 제거하면 괴로움이라는 결과는 저절로 사라질 것이 틀림없기 때문이다. 이렇게 해서 괴로움이 소멸된 성스러운 이치를 멸성제(滅聖諦)라고 한다.

괴로움의 원인을 찾아냈다고 해서 햇살에 눈이 녹듯이 괴로움이 그냥 사라지지는 않을 것이다. 이제 괴로움을 소멸시키기 위해 바르게 관찰하고 바르게 행동하며 자신의 몸과 마음을 잘 지켜야 한다. 이것이 괴로움의 소멸에 이르는 중도의 길인 도성제(道聖諦)다. 이 도성제에는 여덟 가지 바른 수행법이 제시된다.

이처럼 고·집·멸·도의 네 가지 성스러운 이치를 사성제(四

聖諦)라고 한다. 제(諦)는 이치, 진리를 뜻하는 산스크리트 사티야 (satya)를 음사한 말이다. 한자 諦는 '체'로 읽기도 하지만 이치를 뜻할 때는 '제'로 읽는다.

사성제 중 도성제에 속하는 여덟 가지 바른 수행법을 팔정도(八正道)라고 한다. 그 자세한 내용은 다음과 같다.

첫째는 바른 견해, 정견(正見)이다. 괴로움과 괴로움의 원인과 괴로움의 소멸과 괴로움의 소멸에 이르는 길인 사성제를 잘 알아서 바른 관점에 서는 것이다. 사성제를 잘 안다는 것은 자신에게 일어난 일을 직시하고 그 원인을 제대로 파악하는 것을 뜻하며, 편견이나 선입견, 자기주장에 휘둘리지 않고 있는 그대로 사건을 바라보는 바른 관점을 지니는 것이다.

둘째는 바른 사유, 정사유(正思惟)다. 분노나 탐욕에 섣불리 휘둘리지 않고 담담히 문제를 바라보며 바른 견해에 입각해서 생각해야 할 것과 생각하지 말아야 할 것을 잘 분별하는 것이다.

셋째는 바른 말, 정어(正語)다. 바른 말을 한다는 것은 입으로 착하고 올바른 업을 짓는다는 것이니, 진실을 말하고 남을 화합시키는 말을 하며, 부드럽고 듣기 좋은 말을 하며, 사실에 근거해서 말하고, 때에 맞추어서 말을 하는 것이다.

넷째는 바른 행위, 정업(正業)이다. 바른 행위를 한다는 것은 몸으로 착하고 올바른 업을 짓는 것이니, 살아 있는 생명을 죽이는 행위를 멈추고 무기를 버리며 모든 생명을 가엾게 여기는 것이다. 또한 주어지지 않은 것은 갖지 않으며 노력에 따른 정당한 대가에 만족하고, 그릇된 성관계를 멈추는 것이다.

다섯째는 바른 생계, 정명(正命)이다. 바른 생계는 올바른 직업을 뜻하는데, 다른 생명을 해치지 않고 생명을 해치는 무기를 팔지 않으며 정신을 혼미하게 만드는 것을 파는 것 등으로 생계를 잇지 않는 것이다.

여섯째는 바른 노력, 정정진(正精進)이다. 뒤로 물러섬이 없이 줄기차게 노력하는 것을 말한다. 쉼 없이 떨어지는 낙숫물이 바위에 구멍을 뚫듯, 게으르지 않고 늘 마음 단속을 하는 것이다. 부처님은 자기 몸과 마음을 관찰해서 이미 생긴 악을 서둘러 끊어 버리고, 악이 생기지 않도록 늘 단속하며, 이미 생긴 선은 더 키우도록 애를 쓰고, 아직 생겨나지 않은 선은 생겨나도록 애써야 한다고 강조했다.

일곱째는 바른 기억, 정념(正念)이다. 바른 알아차림 또는 바른 마음챙김이라고도 하고, 온 마음을 기울이기 때문에 마음다함이라고도 한다. 몸과 마음의 움직임이 깨어 있는 것이며, 마음 다해 알아차리는 것이다. 염불이나 절을 하면서 마음 다해 알아차리는 것도 정념의 한 종류다.

여덟째는 바른 집중, 정정(正定)이다. 정(定)이란 마음이 평정하고 고요한 상태에 들어간 것을 말하는데, 이를 삼매(三昧)라고도 한다. 삼매의 상태에 들어가면 모든 잡념이 끊어져 마음이 흔들리지 않고 맑아진다.

여덟 가지 바른 길, 팔정도는 우리가 일상에서 닦아야 할 수행법

삼매는 산스크리트 사마디(samādhi)를 음사한 말이다. 평정하고 편안한 것을 뜻한다. 삼매에 들려면 고요하고 한결같은 집중을 해야 하는데, 그렇게 되면 나는 사라지고 대상과 일체가 된다. 그렇게 된 상태를 몰아일체(沒我一切)라 한다. 독서 삼매의 경지를 떠올려 보면 이해하기 쉬울 것이다.

이다. 경전에서는 이 수행법을 잘 닦으면 해탈한다고 말한다. 해탈은 속박에서 벗어난 자유롭고 평화롭고 행복한 경지를 말한다. 불안하고 근심스럽고 고통스러운 현실에서 그냥 습관대로 살아갈 것인가, 아니면 티 없이 맑고 깨끗한 행복을 누리며 자유롭게 살아갈 것인가? 종교가 우리에게 제시하는 길은 당연히 후자의 것이다.

3) 행복과 불행은 누가 주는가(업과 인과법)

사람은 자기에게 이익이 되는 방향으로 마음을 일으켜서 행동한다. 이렇게 마음을 일으키는 것, 또는 의도를 가지고 하는 말과 행동을 업(業)이라고 한다. 그래서 어떤 의도도 없이 무심코 상대방을 친 것은 업이 되지 않는다. 하지만 우리는 늘 다른 사람과 관계를 맺고 살아가기 마련이어서 자신의 이익만을 생각한다 해도 필연적으로 다른 사람의 손해나 이익에 영향을 미치게 된다.

　이럴 때 오직 내 이익만 챙기느라 다른 사람에게 해를 끼칠 수도 있고, 내 이익을 챙기기에 앞서 다른 이의 이익을 돌아볼 수도 있다. 자신의 이익만을 챙기고 남에게 피해를 주는 행동을 악업(惡業)이라고 한다면, 남의 이익을 늘 함께 생각해서 나와 남이 함께 행복해질 수 있도록 행동하는 것을 선업(善業)이라고 한다. 부처님은 불자들에게 "무조건 업을 짓지 말라."라고 말씀하시기보다는 선업을 짓고 악업을 멈추라고 여러 차례 강조하셨다.

업에는 이렇게 착한 업[善業]과 착하지 않은 업[惡業, 不善業]이 있고, 선업과 악업 각각에 몸으로 짓는 업[身業], 입으로 짓는 업[口業], 뜻으로 짓는 업[意業] 세 종류의 업이 있다.

선업이건 악업이건 업을 지으면 그 업이 원인이 되어 결과가 생겨나는데, 이를 과보(果報) 또는 업보(業報)라고 한다. 과보는 인간 이외의 어떤 존재가 있어 주는 것이 아니라 원인이었던 업을 따라오는 결과물이다. 이것을 '원인에는 반드시 결과가 따른다'는 뜻으로 인과응보(因果應報)라고 말하기도 한다.

선업에는 즐거운 과보가, 악업에는 괴로운 과보가 필연적으로 따른다. 경전에서는 선업을 지으면 현세에서 이익과 명성이 따라오는 등의 행복한 과보를 불러올 것이요, 다음 생에라도 반드시 받게 되니 다음 생에는 천상에 태어나거나 인간 세상에 태어나더라

육도윤회(六道輪廻)
악업의 과보로 태어나게 되는 지옥·아귀·축생의 세계를 삼악도(三惡道)라 하고 선업의 과보로 태어나게 되는 아수라·인간·천신의 세계를 삼선도(三善道)라 한다. 그리고 이 여섯 가지 길을 돌고 도는 것을 육도윤회라 한다. 우리는 현실 속에서도 육도윤회의 삶을 산다. 한없는 나락으로 추락하는 지옥 같은 현실, 아귀다툼하는 내 모습, 때로는 신처럼 빼어난 모습이 바로 그 예이다.

도 행복한 곳에 태어난다고 말한다. 반면 악업을 지으면 괴로운 과보를 받게 되니 현세에서 불행과 파멸이 따라오는 등 괴롭고 힘든 과보를 불러올 것이요, 현세에 받지 않으면 다음 생에라도 반드시 받게 되어 지옥이나 아귀, 축생과 같은 무섭고 힘들고 절망적인 곳에 떨어진다고 말한다. 이렇게 자신이 지은 업의 과보로서 육도(六道) 중 하나에서 태어나 생을 반복하는 것을 윤회(輪廻)라고 한다.

자신이 지은 업이 원인이 되어 과보를 받는다는 이치가 바로 인과법(因果法)이다. 자신에게 즐거운 과보가 생기기를 바란다면 선업을 지어야 한다는 것은 더 이상 말할 필요가 없을 것이다. 그런데 세상을 살다 보면 선업을 지은 착한 사람이 어려움에 처하거나 악한 사람이 잘사는 경우를 보게 된다. 이에 대해 부처님은 다음과 같이 말씀하신다.

"악의 열매가 맺기 전에는 악한 자도 복을 받는다. 그러나 악의 열매가 익었을 때 악한 자는 재앙을 입는다. 선이 열매 맺기 전에는 선한 이도 이따금 화를 만난다. 그러나 선의 열매가 익었을 때 선한 사람은 복을 받는다."

-『법구경』119, 120

그리고 석가모니 부처님은 가급적 선업을 지어서 인간으로 태어나거나 천상이라고 하는 행복한 세계에 태어나라고 말씀하신다. 그리고 사실 그런 곳도 무상함을 면하지 못하니 열심히 마음공부

무아인데 어떻게 윤회하나? 윤회의 주체는 무엇인가?

고정불변한 실체로서의 자아는 없지만 변화하는 과정으로서의 '행위하는 자아'는 있다. 이렇게 행위하는 자아는 완전히 단멸되지 않고 순간순간 변하면서 연속성을 지니고 윤회한다. 일회적인 행위뿐만 아니라 그 행위의 패턴까지 쌓여 습관이 되고 인격이 된다. 그것이 업의 흐름이다. 마음이 일어나고 사라지는 것 또한 윤회이다.

하고 수행 정진해서 인간 세상이나 천상 세계에조차 태어나지 않고 해탈할 것을 권한다.

대승불교나 선불교에서는 여기서 한발 더 나아가 현재 내가 서 있는 이 자리에서 마음공부를 잘하여 해탈을 누리라고 한다. 바로 이 삶의 현장에서 마음을 비우고 겸손하고 평화롭게 살면서 세상 사람들을 부처님처럼 섬기면 바로 이 자리에서 해탈하게 될 것이고, 그러면 바로 이 땅이 부처님 세상이라는 의미다.

이렇게 바라보면 윤회란 '나'에 집착하여 살아가면서 벌어지는 끊임없는 생명의 순환이며, 해탈은 '나'라는 집착과 자아의식에서 해방되어 현재 이 순간 자유롭게 관계를 맺으며 열린 존재로 살아가는 것이라고 할 수 있다.

4) 세상은 서로 의지해서 존재한다(연기법)

이 세상에 존재하는 모든 것은 자기 혼자만의 능력으로 생겨나지 않았다. 그것이 있게끔 하는 조건[緣]이 있어서 그에 기대어 발생[起]한다. 이러한 내용을 바탕으로 내가 태어나 늙고 병들어 죽는 과정에서 느끼는 괴로움과 불안이 어떻게 해서 생겨났는지를 밝히는 이치가 바로 연기법(緣起法)이다. 이는 더 이상 괴롭지도 불안하지도 않을 수 있는 과정을 밝히는 이치이기도 하다.

또한 연기법은 세상에 존재하는 것들이 자신의 힘만으로 생겨나서 살아가는 것이 아니라 늘 상대적인 것을 필요로 하고, 그것에 기대어서만 존재하는 구조를 밝히는 이치이기도 하다. 마치 두 개의 볏단이 서로 기대어 서 있는 것처럼, 이 볏단과 저 볏단은 서로가 없으면 서 있을 수가 없다. 『잡아함경』에서는 이런 관계를 아주 유명한 말로 표현하고 있다.

이것이 있으므로 저것이 있고   [此有故彼有]
이것이 생기므로 저것이 생긴다.   [此生故彼生]
이것이 없으면 저것도 없고   [此無故彼無]
이것이 사라지면 저것도 사라진다.   [此滅故彼滅]

이처럼 모든 것은 서로가 존재하는 원인이 되기도 하고 조건이 되기도 하면서 의존적으로 성립한다. 어느 것이나 예외는 없다.

자식인 내가 있다는 것은 부모가 있다는 말이고, 부모가 있다는 것은 자식이 있다는 것이다. 나아가 동물은 물론이요, 공기와 물과 같은 자연 등 저 혼자의 힘만으로 존재하는 것은 하나도 없으며, 서로가 서로의 인이 되고 연이 되어 존재한다. 마치 잘 짜인 그물코와 같은 구조로 펼쳐진 세상의 관계를 밝히는 이치가 바로 연기법이다.

이 가운데 '나'를 생각해 보자. '나'는 스스로의 힘만으로는 태어날 수도 존립할 수도 없는 미약하기 짝이 없는 존재다. 반드시 어떤 조건에 기대야만 지금 이렇게 살아 있을 수가 있다. 그렇다고 해서 '나'가 세상에서 아무 쓸모도 없는 존재인가 하면 전혀 그렇지 않다. 유기적으로 꼼꼼하게 이어져 있는 관계의 그물망 속에서 나라는 존재 역시 누군가가 살아 있는 데 없어서는 안 될 절대적인 존재인 것이다.

부처님도 사람들이 연기법을 완벽히 이해하기란 쉽지 않다고 말씀하셨을 정도로 연기법은 아주 깊은 이치다. 하지만 세상에 존재하는 모든 것은 갑자기 뚝딱 창조되거나 그저 우연히 생겨난 것이 아닌, 관계 속에서 아름답게 엮인 생명체임을 깨닫게 해 주는 불교만의 훌륭한 교리다.

인연(因緣)이라는 말이 있다. 인은 내가 지은 업이고, 연은 조건이다. 내가 아무리 좋은 씨앗을 뿌렸다 할지라도 씨앗은 혼자 발아할 수 없다. 예컨대 씨앗에서 싹이 돋고 싹이 나무로 잘 성장하려면 좋은 토양과 공기, 햇살이 필요하다. 여기서 내가 뿌린 씨앗이 인이고, 토양, 공기, 햇살 등의 조건이 연이다. 결국 인과 연이 잘 어우러져야 좋은 인연을 맺을 수 있다. 나무가 잘 자라 열매가 달콤하게 익으려면 조건이 잘 맞아야 하는 것과 같다. 그 인과 연, 바로 인연이 잘 맺어졌을 때 좋은 복을 얻기 마련이다. 그래서 불자들은 좋은 인연, 좋은 관계를 맺기 위해 노력해야 한다.

그러므로 조건이 무르익지 않았음에도 불구하고 무리하게 결과를 바라는 것은 바람직하지 않다. 내가 지은 좋은 업이 여러 가지 주변의 조건과 잘 어우러질 수 있도록 살펴야 하는 것이다. 결국 조건이 잘 익으려면 주변의 도움이 있어야 한다는 점을 잊어서는 안 된다.

우리는 무엇인가가 내게 있으면 그것이 처음부터 있었고 앞으로도 영원히 변치 않고 그렇게 있으리라고 생각하여 집착한다. 그러다가 그것이 없어지면 두 번 다시 생기지 않을 것이라 여기며 절망한다. 하지만 모든 것은 인연이 쌓이고 모여서 생겨났고, 그 인연이 흩어지면 사라질 뿐이다.

인과법을 비롯한 연기의 법칙은 모든 것의 있는 그대로의 모습, 진실한 상태를 보여 준다. 서로 어우러져 관계를 맺고 있는 모습은 언제라도 변함없는 진리로서 이 세상에 영원히 머물러 있다.

5) 극단에 치우치지 않는 삶(중도)

부처님에게 소나라는 제자가 있었다. 그는 매우 부유한 집안 출신으로서 부처님의 가르침을 듣고 크게 감명을 받아 큰 재산을 다 버려두고 출가하여 스님이 되었다. 당시 승가는 부처님을 위시한 모두가 맨발로 다녔다. 소나 역시 매일 아침 맨발로 탁발을 하러 다녔다. 하지만 세속에 있을 때 고생을 해 본 적이 없는 소나에게 이 일은 무리였다. 그의 발은 이내 부르텄고 피가 흘렀다. 그렇게 지내다 보니 그는 어느 사이 출가자의 삶에 회의를 품게 되었다. 환속하는 것이 좋을까 생각하는 그를 불러 부처님은 이렇게 말씀하셨다.

"그대는 집에서 지낼 때에 거문고를 잘 탔었지. 거문고 줄을 팽팽하게 조이면 소리가 잘 나던가?"

"아름다운 소리가 나지 않습니다."

"그렇다면 거문고 줄을 느슨하게 하면 소리가 잘 나던가?"

"그렇게 해도 소리가 제대로 나지 않습니다. 너무 팽팽하게 당기거나 너무 느슨하게 풀지 말고 적절하게 조여야 아름다운 소리가 납니다."

"수행도 그렇다. 지나치게 하면 몸을 괴롭혀서 출가의 목표에서 멀어지게 되고, 자신을 단속하지 않으면 오히려 나태해져서 출가의 목표를 이루지 못한다."

- 『잡아함경』

중도를 설명할 때 어느 편을 취하는 것이 아니라 '적당히, 알맞게' 하는 것이라고 말하지만, 이 '적당히', '알맞게'가 대충이나 대강이란 뜻은 아니다. 중도는 양쪽 극단에 치우치지 않도록 제대로 살피고 생각하여 실천하라는 가르침이다. 한쪽으로 치우치면 어떤 잘못이 있는지를 제대로 알고 그쪽으로 치우치지 않으며, 반대쪽으로 치우쳤을 때에도 어떤 잘못이 있는지 제대로 알아 그쪽으로도 치우치지 않는 것이 중도다.

사람들은 보통 나와 너, 내 편과 네 편, 이것과 저것, 있음과 없음, 고통과 기쁨, 미와 추, 생과 사 등을 나누고 가르며 대립한다. 그렇게 어느 한 측면에 치우쳐 편협한 시각으로 살아가다 보니 삶이 불편하고 갑갑하다.

아무리 좋은 약도 너무 많이 먹으면 독이 되고, 독이라도 적절하게 활용하면 약이 된다. 지나치거나 모자라면 문제가 된다. 내 몸속의 병균을 모조리 죽이겠다고 약을 지나치게 투여하면 오히려 건강한 몸을 해치게 되는 것과 같다.

조화로운 중도의 자리에 섰을 때, 우리는 둘 모두 살리게 된다. 양 극단을 포괄하여 서로 어울리게 해 그 둘 모두를 살리는 조화와 균형의 자리를 찾아야 한다는 것이다. 그것이 중도의 바른 길이다.

영원하지 않으면 완전히 사라져 없는 것과 같다는 두 극단에 치우친 사람들에게는 늘 불안이 따라다닌다. 불안하기 때문에 조금이라도 마음을 붙일 수 있는 위안거리에 집착하는 것이다. 하지만 이 두 극단에 치우칠 때 우리가 놓치는 게 무엇인지 그 폐해를 정확히 알아차리면 극단에 빠지지 않게 된다. 균형 잡힌 안목을 지니고 바른 길을 걸어갈 때에만 불안과 집착을 떠나 평온하고 행복하게 살아갈 수 있다.

6) 걸림 없는 삶(공과 마음)

빈손으로 왔다가 빈손으로 간다는 뜻의 '공수래공수거(空手來空手去)'라는 말이 있다. 또한 불자들이 가장 많이 암송하는 경전인 『반야심경』에 가장 많이 등장하는 단어도 '공(空)'이다.

공(空)! 이 말처럼 심오하기도 하고 한마디로 정의하기 힘든 불교 용어는 없을 것이다. 그렇지만 공은 불교의 핵심을 관통하는 가르침이기 때문에 불자라면 반드시 알아야 할 내용이다.

공이란 텅 비어 있다는 뜻이지만, 허무를 말하는 것은 아니다. 고정된 실체가 없다는 말이요, 그래서 서로 관계를 맺으며 어우러진다는 의미를 품고 있다. 한정이 없으므로 고정된 어떤 모습에 머물러 있지 말라는 뜻이기도 하기 때문에 탁 트인 자유이며 걸림 없는 모습을 말하기도 한다. 그래서 공은 무집착의 마음이자 절대 자유의 마음이면서 해탈과 통한다.

공은 모든 분별을 타파한다. 분별 작용으로 인한 견해와 판단은 사물이나 사태의 본질을 바로 보지 못하므로 그러한 이성적인 생각, 판단, 입장, 주장 등등은 공의 입장에서 부정된다.

드넓은 허공과 같은 공의 견지에서 보면 사람들이 옳다고 주장하는 것은 그 사람의 편견이거나 앎의 조그마한 부분에 불과하다. 그런데 마치 그것이 전부인 양 자기주장만을 내세우며 대립하고 편을 갈라 싸운다. 공은 그러한 억측과 편견을 철저히 부수어서 어느 한쪽의 입장에서 집착하는 그 마음을 모조리 타파해 버린다. 나아가 공마저도 부정하여 그 공에 집착하는 것도 철저히 부정한다. 단순히 공에, 무(無)에 머문다면 그것은 허무주의에 불과하다.

그러면 긍정하는 것은 아무것도 없는가? 그렇지 않다. 공마저 공으로 비워 다시 이 세상으로, 현실로, 색(色)으로 돌아온다. 이렇게 되면 색에 대한 집착을 떠나 색을 긍정하게 된다. 머무름 없이 마음을 내는 것이다. 거기에서 멋진 색의 향연이 펼쳐진다. 그렇게 되면 모든 색이 곧 진리가 되어 머무는 곳마다 진리가 살아 있는 것과 같아진다. 『반야심경』에 "색이 공과 다르지 않고, 공이 색과 다르지 않으며, 색이 곧 공이요, 공이 곧 색이니….''라는 구절이 바로 이러한 의미다.

그러므로 어떤 고정된 모습으로서의 색에 집착해서는 안 되며, 모든 것이 사라진 허무에도 집착하지 말아야 한다. 색은 조건에 따라 일어났다가 사라질 뿐이다. 시끄러운 소리를 듣고 짜증이 났다고 했을 때 그렇게 짜증을 내게 한 실체가 있는가? 단지 소리라는 조건에 따라 짜증이라는 감정이 일어났을 뿐이다.

그래서 색과 공, 둘 다에 집착하지 않는 걸림 없는 자세로 살아가야 한다. 그렇게 사는 삶이야말로 생사에 집착하지 않고 생사를 떠나 있되, 열반에도 머무르지 않고 열반의 그 평화로운 마음을 생사의 세계에서 펼치는 보살의 삶과 어우러진다.

모든 것이 조건에 따라 일어나고 사라진다는 것을 알게 되면, 나아가 모든 존재가 비어 있다는 것을 알게 되면 거기에 집착하지 않고 자유롭게 행동하게 될 것이다. 그것이 진정 부처님이 바라는 바요, 공의 도리를 밝힌 『반야심경』에서 설하는 핵심이다.

불교는 마음의 종교라고 불린다. '모든 것은 마음이 만들었다'는 뜻의 일체유심조(一切唯心造)란 말에서 이야기하는 그 마음이 곧 공의 마음이다. 그 공한 마음에서 모든 것이 창조된다. 유일신이 창조주가 아니라 마음이 창조주요, 주인공인 것이다. 우리의 마음에서 그리면 그리는 대로 보이고, 생각하면 생각하는 대로 반드시 이루어진다. 내 마음이 닫혀 있으면 어떤 사물도 보이지 않고 소리도 들리지 않지만, 마음이 감응하면 주변 모든 것의 움직임이 느껴지는 것과 같다.

그래서 공한 마음을 가지는 것이 중요하다. 공으로 자기를 비우고 하심(下心)하면서 자기를 허공처럼 열어 가 보라. 그렇게 자기를 비우면 그 빈 마음에 모든 것이 들어온다. 자기를 비우고 한없이 자비와 사랑, 나눔과 베풂을 실천하면 실천하는 만큼 나는 넓어지고 전 우주와 하나가 된다. 또한 그럴 때의 마음은 하나의 마음이요, 우주적인 마음이며, 부처님의 마음이다. 이 한마음 속에 나와 너, 우리, 세계 더 나아가 우주 전체가 포함되어 있다. 그러니 우리는 한마음이라는 각성을 통해서 전체를 바라보는 마음 자세를 지녀야 한다.

나와 너, 나와 우주, 나와 중생, 나와 부처, 번뇌와 열반이 다르지 않다. 여기에서 자타불이(自他不二)의 보살행과 무아의 동체자비행(同體慈悲行)이 나오게 되고, 본래 부처로서의 자기실현이 전개된다.

우리가 부처님의 가르침에서 반드시 듣고 이해해야 할 교리들은 이 밖에도 많이 있지만 여기에서 설명한 교리들은 가장 기본적인 내용이다. 이 교리들에 대해 생각에 생각을 거듭해서 이해하려고 노력하는 일은 내가 왜 자꾸 번뇌를 일으키며 괴로움을 겪는지 그 이유를 아는 데 큰 도움이 된다. 그러므로 불자라면 시간이 날 때마다 법문을 듣고 틈틈이 진지하게 사색하여 부처님의 가르침을 이해할 수 있도록 노력해야 할 것이다.

실천과제

- 왜 업을 쌓지 않아야 하는지 사유해 보는 시간을 마련한다.
- 불교의 연기적 관점에서 세상을 바라보고 주변을 살피며, 좋은 인연을 맺기 위해 노력해 본다.
- 중도의 가치를 생활 속에서 찾아보고 넘치면 모자람만 못하다고 하는 '과유불급'의 가르침을 되새겨 보도록 한다.
- 공과 마음의 의미에 대해서 서로 이야기해 보고 '우리말 반야심경'을 암송해 보도록 한다.

5장

불자로서 지켜야 할
계율과 윤리란 무엇인가

불자의 계율과 윤리

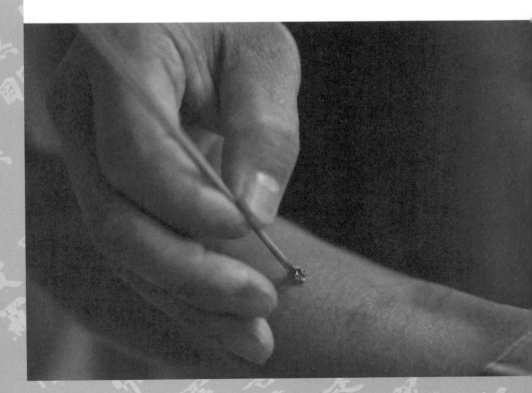

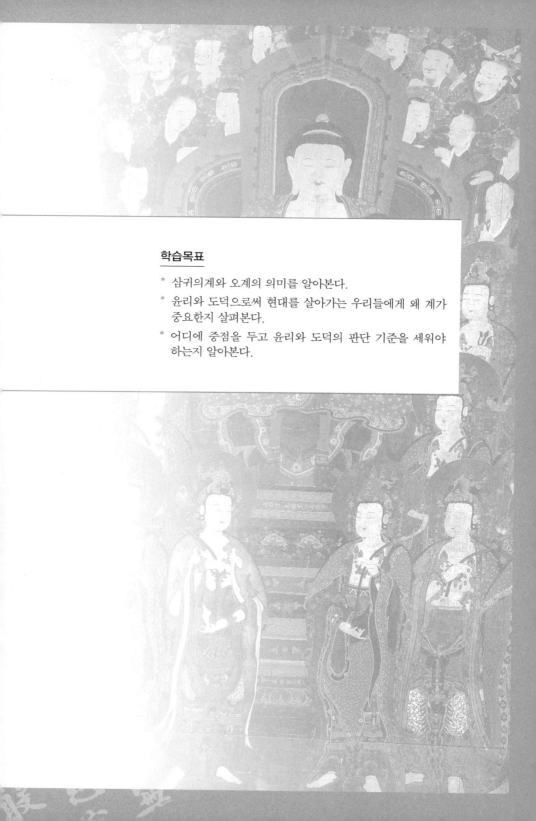

학습목표

* 삼귀의계와 오계의 의미를 알아본다.
* 윤리와 도덕으로써 현대를 살아가는 우리들에게 왜 계가 중요한지 살펴본다.
* 어디에 중점을 두고 윤리와 도덕의 판단 기준을 세워야 하는지 알아본다.

앞서 부처님이 우리에게 들려준 중요한 교리들을 살펴보았다. 그 교리들이 바로 진리요, 가르침이요, 법이다. 법을 자주 듣고 이해하는 것은 깨달음으로 나아가기 위해 통과해야 하는 매우 중요한 관문이다.

부처님 가르침을 만나 올바른 길로 나아가는 일은 다음의 네 단계로 나눠진다. 가장 먼저 부처님에 대해 깨끗한 믿음〔信〕을 일으키는 단계가 있다. 그리고 그 믿음에 의거해 부처님의 가르침을 하나씩 배우며 이해〔解〕하는 단계가 이어진다. 이 단계는 앞서 언급한 부처님의 가르침인 교리들을 여러 번 듣고 자기 머리로 깨닫는 과정이다. 그 다음은 단순히 가르침을 이해하는 것에서 멈추지 않고 이를 실제로 실천〔行〕하는 단계다. 부처님 말씀대로 살아보지 않으면 그 말씀이 정말 내게 이로움이 되는지 알 수가 없다. 불교 공부를 시작한 뒤에 자신과 세상을 바라보는 눈이 달라지고 처신이 달라졌을 때 그 가르침이 정말 내게 유효한 보약이었음을 알게 된다. 이렇게 실천해 보는 사람에게만 가르침이 무르익고, 내 삶에서 성취〔證〕되는 것이다.

불자가 부처님 가르침대로 살아가는 것은 두 가지 면에서 이롭다. 하나는 자신에게 이로움을 가져온다는 측면이다. 자신을 잘 단속하여 행복과 발전을 안겨 주기 때문이다. 또 다른 하나는 타인과의 사이에서 서로 이로움을 가져온다는 측면이다. 타인을 떠나 홀로 존재하는 삶은 없다. 모든 사람은 서로 관계를 맺으며 사는 존재임을 잊지 않고 살아간다면 세상은 살 만한 곳이 될 것이다.

01
삼귀의계
불자로 살겠다는 다짐

어떤 집안의 주부가 늘 입에 달고 사는 말이 있었다.

"거룩한 부처님께 귀의합니다. 거룩한 가르침에 귀의합니다. 거룩한 스님들께 귀의합니다."

집안일을 할 때는 물론이요, 누구를 만나더라도 이 말이 먼저 튀어나왔다. 부처님의 신자인 아내와 달리 남편은 다른 종교를 믿고 있었다. 그래서 아내가 입버릇처럼 이런 말을 하는 게 못마땅했다. 그런데 어느 날 다른 종교를 믿고 있는 남편의 친구들을 집에 초대했을 때, 부인은 자신도 모르게 "부처님께 귀의합니다."라고 말하고 말았다. 이 말을 들은 남편의 친구들은 몹시 불쾌해 하며 화를 내고 그 집을 떠났다. 남편은 아내의 행동이 괘씸하기도 했지만, 무엇보다도 아내의 입에 그토록 자주 올라오는 그 '부처님'이란 자에게 더 화가 났다.

다음날 아침, 그는 여전히 분노를 품은 채 씩씩거리며 부처님 계신 곳으로 달려왔다. 그리고 여쭈었다.

"무엇을 없애야 편히 잠들 수 있습니까?"

남편은 눈앞에 있는 저 부처라는 이를 없애면 자신이 편해지리라는 생각에 이렇게 넌지시 자신의 의중을 밝혔다. 그런데 부처님의 대답은 달랐다.

"분노를 없애면 편히 잠들 수 있습니다. 세상은 분노에 불타고 있습니다."

뜻밖의 대답에 허를 찔린 남편은 부처님 말씀에 크게 공감했다. 그래서 애초에 품었던 마음을 고쳐먹고 조금 더 깊은 가르침을 청해 들었다. 그러자 자신의 아내가 매사에 그토록 부처님을 부르는 이유를 알게 되었으며, 크게 감동해서 이렇게 고백했다.

"세존이시여, 참으로 훌륭하십니다. 마치 넘어진 자를 일으켜 세우듯이, 덮인 것을 벗겨내 주듯이, 길 잃은 자에게 길을 가르쳐 주듯이, '눈 있는 자들은 보아라' 하며 어둠 속에 등불을 내걸듯이, 세존은 다양한 방법으로 법을 설해 주셨습니다. 세존이시여, 이제 저는 세존과 가르침과 승가에 귀의합니다. 세존께서는 저를 지금부터 평생 귀의한 신자로 받아주십시오."

이 남편이 말한 세존(世尊)이라는 말은 '세상에서 가장 높고 위대하신 분'이란 뜻으로, 부처님의 다른 이름이다. "세존과 가르침과 승가에 귀의합니다."와 같은 다짐은 경전에서 자주 볼 수 있는데 바로 이 구절이 삼귀의로 정착되었다. 그리고 이러한 다짐을 하며 불교에 귀의하면서 받는 계가 삼귀의계(三歸依戒)이다.

한국불교에서 하는 삼귀의는 이렇게 정형화되어 있다.

거룩한 부처님께 귀의합니다.　　[歸依佛兩足尊]

거룩한 가르침에 귀의합니다.　　[歸依法離欲尊]

거룩한 스님들께 귀의합니다.　　[歸依僧衆中尊]

　여기서 승가를 '스님들'이라고 표현하지만 의미상 큰 차이는 나지 않는다. 승가란 화합을 이상으로 살아가는 스님들의 공동체를 말하기 때문이다.

　누구든지 부처님 앞에서 불·법·승 삼보에 의지하여 살아가겠노라고 약속을 했다면 그 약속을 지키기 위해 스스로를 돌아보지 않을 수 없다. 어떻게 행동하는 것이 부처님에게 누가 되지 않으면서 가르침을 따르고 승가를 보호하는 일인지를 늘 생각하기 때문이다. 그래서 삼귀의는 단순한 '입문의 서약' 차원에 머물지 않는다. 거기에서 한 걸음 더 나아가 재가신자로서 아름답고 바른 삶을 살기 위한 계를 받아들이겠다는 의미다. 그래서 평소에도 삼귀의를 잊지 않고 지내는 것이 불자로서 실천해야 하는 첫 번째 규범이다.

계(戒, śīla)는 '훈련하다', '습관 들이다'라는 뜻의 산스크리트 실(śīl)에서 파생된 말이다. 계를 지킨다는 것은 언제나 마음이 선(善)을 향하고 악(惡)을 멈추도록 길들인다는 뜻이다.

02

오계
불자가 지켜야 할
다섯 가지 계율

인색하기 짝이 없는 사람이 있었다. 매우 부유했음에도 불구하고 남에게 조금도 베풀지 않는 그를 교화하려고 수많은 수행자가 방문했지만 번번이 실패했다. 그래서 부처님이 나서게 되었다.

부처님께서 그의 집에 들어서자 그는 마음이 불편해졌다. 보나마나 보시하라는 등 잔소리만 늘어놓을 것이 뻔했기 때문이다. 그런데 부처님은 뜻밖에도 이렇게 말씀하셨다.

"세상에는 다섯 가지 일이 있는데 남들에게 아주 커다란 것을 베풀기 때문에 큰 보시라고 합니다."

부자가 여쭈었다.

"그 다섯 가지가 무엇입니까?"

"첫째는 살생하지 않는 일입니다. 사람이 살아 있는 모든 생명체를 소중히 여기면 모든 생명체가 그를 두려워하지 않으니, 이것이 바로 세상에서 두려움을 없애는 첫 번째 커다란 보시입니다."

부처님이 가진 것을 다 베풀라고 말할 줄 알았건만 굳이 내 주머니 속의 물건을 남에게 주지 않아도 남의 목숨을 다치게 하지만 않으면 커다란 보시를 베푸는 것이라는 말을 듣자 부자는 반가운 마음에 이렇게 대답했다.

"예, 잘 알겠습니다. 저는 예전에도 남의 생명을 함부로 해치지 않았지만 이제부터는 더욱더 잘 지키겠습니다."

"둘째는 주지 않는 것을 갖지 않는 일입니다. 제 것 아닌 것을 탐내지 않고 함부로 갖지 않으면 사람들은 그를 믿게 되고 그를 두려워하지 않으니, 이것이 바로 세상에서 두려움을 없애는 두 번째 커다란 보시입니다."

역시 부자는 굳이 남의 것을 탐내지 않아도 재물이 넉넉하니 이 항목을 지켜도 손해 볼 일 없겠다 싶어서 이렇게 답했다.

"예, 잘 알겠습니다. 그것을 지키겠습니다."

부처님은 이어서 말씀하셨다.

"셋째는 그릇된 성관계를 갖지 않는 일입니다. 자신의 배우자가 아닌 이와, 혹은 아직 보호자의 도움이 필요한 이와 강제로 관계를 맺지 않아야 합니다. 그러면 상대방은 그를 두려워하지 않으니, 이것이 바로 세상에서 두려움을 없애는 세 번째 커다란 보시입니다.

넷째는 거짓말을 하지 않는 일입니다. 보았으면 보았다고, 보지 못했으면 보지 못했다고, 알면 안다고, 알지 못하면 알지 못한다고 사실 그대로를 말해야 합니다. 그러면 상대방은 그를 믿고 두려워하지 않으니, 이것이 바로 세상에서 두려움을 없애는 네 번째 커다란 보시입니다.

다섯째는 술에 취하지 않는 일입니다. 정신을 흐리게 하는 것을 즐기지 않아야 합니다. 그러면 상대방은 그를 믿고 두려워하지 않으니, 이것이 바로 세상에서 두려움을 없애는 다섯 번째 커다란 보시입니다."

이렇게 부처님은 그가 세상을 살아 나가는 데 기본적으로 지켜야 할 다섯 가지 도리를 일러 주었다. 부자는 이 다섯 가지가 자신이 지금까지 지켜온 것임을 알고서 가볍고도 즐거운 마음으로 앞으로도 쭉 지켜 나가겠다고 부처님께 다짐했다.

이 이야기 속에 나오는 다섯 가지 도리는 부처님 가르침에 입문하게 되면 가장 먼저 받는 다섯 가지 계와 그 내용이 같다. 이 다섯 가지 계를 오계(五戒)라고 한다.

첫째, 살생하지 말라.　　　　　　　　[不殺生]

둘째, 남의 물건을 훔치지 말라.　　　　[不偸盜]

셋째, 그릇된 성관계를 갖지 말라.　　　[不邪淫]

넷째, 거짓말을 하지 말라.　　　　　　[不妄語]

다섯째, 술에 취하지 말라.　　　　　　[不飮酒]

초기경전인 『대반열반경』에서는 계를 지켜야 하는 이유를 다섯 가지로 설명한다.

계를 깨면 다섯 가지 위험이 따라온다. 무엇이 그 다섯 가지인가?

첫째, 계행이 나쁘고 계를 깨면 그 사람이 게으르다는 것을 보여 주니 그 결과로 재물을 잃는다. 둘째, 악명이 퍼진다. 셋째, 어떤 모임에 들어가도 자신감을 잃고 눈치를 본다. 넷째, 계를 깼기 때문에 어리석은 상태로 세상을 떠난다. 다섯째, 죽은 뒤에 처참하고 불행하고 파멸을 부르는 곳인 지옥에 떨어진다.

반면 계를 잘 지키면 다섯 가지 이익이 있다. 무엇이 그 다섯 가지인가? 첫째, 계를 잘 지키면 게으르지 않게 되니 그 결과로 큰 재물을 얻는다. 둘째, 훌륭한 명성을 얻는다. 셋째, 어떤 모임에 들어가도 두렵지 않고 눈치를 보지 않으며 당당해질 수 있다. 넷째, 어리석지 않은 상태로 세상을 떠난다. 다섯째, 죽은 뒤에 좋은 곳, 천상에 태어난다.

계를 지키면 자신에게 이로움이 찾아오고, 죽은 뒤에도 행복한 곳에서 태어난다는 것이 경전의 메시지다. 따라서 자신이 즐겁고 행복해지기를 바란다면 당연히 계를 지켜야 한다.

오계의 항목은 불교를 믿는지 믿지 않는지에 관계없이 사람이라면 누구나 당연히 지켜야 할 내용이다. 특히 부처님 제자가 되기를 원하는 사람은 가장 먼저 이 다섯 가지 계율을 받들어야 한다. 살생과 폭력, 갈취와 착취, 거짓말, 부적절한 성관계와 같은 일은 상대방은 물론 상대방의 가족이나 주변 사람들에게 큰 고통을 안겨주기 때문이다. 남이 고통스러워 하는데 과연 내가 편안할 수 있을지 생각해 보라. 음주와 관련된 계율도 마찬가지다. 과음으로 인해 폭력을 쓰고, 급기야 생명을 해치게 된다면 큰 악업이다. 재가자로서 직장 생활을 하다 보면 술을 적당히 마실 수 있다지만 과음을 하여 판단력을 잃고 상대방에게 큰 고통은 안겨 주진 말아야 할 것이다.

일반적으로 불자가 지켜야 하는 규범을 계율이라고 말한다. 하지만 계와 율(律)은 그 성격이 다르다. 계는 바른 삶을 살아가겠다는 자발적인 다짐이요, 좋은 습관을 들이는 것을 말하는 반면, 율은 공동체의 질서를 위해 서로 지키기로 약속한 조항이다. 그래서 율을 어길 경우에는 어떤 제재나 처벌이 따른다.

하지만 제재나 처벌이 있든 없든, 부처님의 가르침을 믿고 따르면서 수행하기로 맹세한 사람이라면 가장 기본적인 윤리 도덕을 지켜야 함은 두말할 필요가 없다.

03 칠불통계게
악을 멈추고 선을 행하라

지금 현재의 세상에는 석가모니 부처님의 가르침이 널리 퍼져 있다. 하지만 석가모니 부처님 이전에도 부처님이 나오셨으며, 미래에도 부처님이 오실 것이다. 그런데 과거와 현재와 미래의 모든 부처님이 똑같이 중요하게 여기는 것이 있다.

모든 악을 짓지 말고　　　　　　　[諸惡莫作]

모든 선을 힘써 행하며　　　　　　[衆善奉行]

제 마음 스스로 맑게 하라.　　　　[自淨其意]

이것이 모든 부처님의 가르침이다.　[是諸佛敎]

– 『법구경』 183

이 네 구절의 말씀을 과거 일곱 부처님의 공통적인 말씀이라 하여 칠불통계게(七佛通戒偈)라 한다. 일곱 부처님 모두가 '악을 멈추고 적극적으로 선을 지으라'는 가르침을 사람들에게 전한다.

그런데 경전에서는 선행을 하는 것뿐만 아니라 악행을 저지르지 않는 것 역시 착한 업이라고 한다. 현재 내가 취하는 행동이 나와 남을 이롭게 하는지를 잘 헤아려서, 해를 끼치는 행위라면 당장 그 일을 멈추라는 의미라고 볼 수 있다.

착한 업, 즉 선업 중에서도 특히 주의해야 하는 것이 말로 짓는 업이다. 말이란 하는 데 특별히 힘이 들지 않아서 무심코 나오는 경우가 많기 때문이다. 한 마디 말이 상대방에게 큰 힘을 주는 경우도 있지만, 비수가 되어 큰 상처를 주는 경우도 다반사로 벌어진다. 서로를 갈라놓기 위해 헐뜯어 이간질하는 말 대신 살리는 말, 부드러운 말, 화합하는 말로 아름다운 공동체를 만들어 가는 것이야말로 향기로운 불자의 모습이며 세상을 아름답게 만드는 작지만 소중한 실천이다. 상대방에게 충고할 때도 그것이 진정 상대방에게 이로운 충고인지, 상대방이 충고를 받을 만한 준비가 되어 있는지를 살펴본 다음에 말해야 한다고 부처님은 말씀하신다.

선업을 지으면 스스로 뿌듯할 뿐만 아니라 이웃과 사회에도 행복을 불러온다. 선업에는 당연히 즐거운 과보가 찾아오기 때문이다. 반면 악업을 지으면 짓는 동안에도 괴롭고 힘들 뿐만 아니라 결과적으로 괴로운 과보가 찾아와서 자신뿐만 아니라 이웃, 사회에도 해를 끼친다. 이런 이치를 불교에서는 '선업에는 즐거운 과보가 오고 악업에는 괴로운 과보가 따른다[善因樂果 惡因苦果]'고 말한다.

어느 날 빠세나디 왕이 자신의 생각을 부처님께 여쭈었다.

"'만일 몸이나 입, 뜻으로 악행을 하면 이것은 자신을 생각하지 않는 것이며, 몸과 입과 뜻으로 선행을 하면 이것은 자신을 생각하는 일이다' 과연 제 생각이 옳습니까?"

"왕이여, 몸과 입과 뜻으로 악행을 저지르면 그것은 자기를 생각하지 않는 일입니다. 아무리 스스로 자신을 아끼고 귀하게 여긴다고 말해도 실제로는 자신을 조금도 보호하지 않는 일입니다. 왜냐하면 나쁜 벗은 친구에게 악한 짓을 함부로 저지릅니다. 그 사람을 사랑하지 않기 때문입니다. 그런 나쁜 벗이 친구에게 하듯, 악업을 저지르는 것도 똑같습니다.

반대로 몸과 입과 뜻으로 선행을 하면 그것은 자기를 생각하는 일입니다. 스스로 자신이 세상에서 가장 소중하다고 말하지 않더라도 그들은 실제로 자신을 생각하고 있는 것입니다. 왜냐하면 착한 벗은 친구에게 이로운 일을 권하고 행합니다. 그 친구를 사랑하기 때문입니다. 이처럼 자기를 사랑한다면 선행을 해야 합니다."

– 『잡아함경』

　우리가 열심히 일해서 돈을 벌고, 마음으로 늘 착하고 옳은 것을 생각하는 이유는 나와 내 주변 사람들이 행복해지기를 원하기 때문이다. 나와 내 주변 사람들이 행복해졌으면 좋겠다는 바람은 이기적인 마음에서 비롯된 것이 아니다. 생명은 본래 자신의 안락함을 바라기 때문이다. 그럼에도 불구하고 악업을 짓는다는 것은 스스로 괴로움을 불러들이는 어리석은 짓이라고 불교에서는 말한다. 악업을 멈추고 선업을 적극적으로 지어야 하는 이유는 이처럼 자신과 세상의 행복을 불러오기 때문이라는 것을 잊지 말아야 한다.

04
참회
업장을 씻고
새로운 인생을 살다

계를 잘 지키고 선업을 지으면 자신에게 이롭다는 건 당연한 이치다. 하지만 죽을 때까지 선업만 지으면서 살 수는 없다. 살기 위해서 착하지 않은 업도 지을 수밖에 없고, 또 의도하지 않았지만 나의 행위로 인해 피해를 보는 사람도 나오게 마련이다. 인간의 자만심과 아상(我相)은 깊고 깊어서 이로 인해 아무리 똑똑하고 잘난 사람도 자신도 모르게 죄를 지어 상대방에게 뼈아픈 상처를 남긴다. 그래서 선업만을 짓고 살도록 노력하는 한편 자신의 행위를 돌아보고 뉘우치며 반성하는 시간이 필요하다.

참회(懺悔)는 나 자신의 무력함을 알고 자신이 저지른 나쁜 행위에 대한 철저한 뉘우침을 통해 깨끗한 마음을 회복하여 평화롭고 건강한 모습으로 살아갈 수 있도록 하는 매개 역할을 한다. 그래서 행복을 바라는 기도를 올리는 불자들에게 참회기도도 함께 올릴 것을 권한다.

참회는 '용서를 구하다', '잘못을 뉘우친다'는 뜻을 가진 산스크리트 크샤마(kṣama)를 음역한 참(懺)과, 의역한 회(悔)를 합한 말이다. 자기가 저지른 잘못을 불보살님 앞에 드러내어 뉘우치고 용서를 구하는 것을 뜻한다. 여기서 한발 더 나아가 다시는 그런 잘못을 저지르지 않겠다는 맹세까지 참회에 포함되기도 한다.

잘못을 참회할 때에는 첫째, 자신이 알면서 지은 악업을 드러내고 그에 따른 과보를 기꺼이 받겠다는 마음가짐이 우선이요, 둘째, 의도하지 않았지만 자신으로 인해 다른 이가 피해를 받았다면 그에 대해 진심으로 미안해 해야 하며, 셋째, 습관적으로 자신의 이익만을 추구하면서 다른 이에게 피해가 돌아가도 개의치 않았던 이기적인 마음과 행동을 반성하고 뉘우치며, 넷째, 세세생생 윤회를 반복하며 습관적으로 일어나는 악한 마음과 습관적으로 저지르는 악한 행동이 새로운 선업을 짓는 데에 장애가 되는 업장(業障)임을 알아차리고 그것을 씻어 내기 위해 노력해야 한다.

종교 생활을 시작한다는 것은 거듭 태어난다는 것이다. 따라서 진정으로 행복하고 지혜로운 삶을 살아가기 위해 지금까지의 삶의 방식을 돌아보고 마음속에 가득 채워져 있던 탐욕과 성냄과 어리석음을 비워 내지 않으면 안 된다. 일생을 살면서 그릇된 일을 전혀 하지 않는다면 좋겠지만, 그렇게 할 수만은 없는 것이 인생이다. 하지만 자신의 잘못을 드러내어 참회하고, 참회한 뒤에 그 잘못을 부끄러워하며 다시는 똑같은 잘못을 하지 않는다면 그것만으로도 떳떳하고 행복한 삶을 살 수 있을 것이다.

"지혜로운 이가 둘이니 하나는 나쁜 짓을 짓지 않는 이요, 다른 하나는 지은 뒤에 곧 참회하는 이니라. 어리석은 이도 둘이니 하나는 죄를 짓는 이요, 다른 하나는 짓고는 감추려는 이니라. 비록 나쁜 짓을 하였지만 이내 드러내어 참회하며 참회하고는 부끄러워서 다시 짓지 아니하면, 마치 흐린 물에 맑은 구슬을 넣으면 그 구슬의 위력으로 물이 곧 맑아지며, 구름이 걷히면 달이 청명하여지는 것과 같다."

– 『대반열반경』 제1권

앞으로 더욱 밝고 희망찬 미래를 맞이하기 위해서는 무엇보다 현재 악업을 짓지 말아야 하고, 이에 더해 업장(業障)을 소멸해야 한다. 업장이란 아주 오랜 세월 동안 오직 자신의 행복을 위하고 타인과 세상을 살피지 않은 이기적인 행위가 습관이 되어 자신에게 쌓인 것을 말한다. 이렇게 쌓인 업장은 적극적으로 선업을 짓는 데 방해가 된다.

뿐만 아니라 과거에 지은 악업을 자꾸 되씹는 일도 조심해야 한다. 우리는 악업을 짓기도 하지만, 선업도 지으면서 살아가야 하기 때문이다. 하지만 악업에 대한 생각에 얽매여 지내다 보면 선업을 짓는 일조차도 하지 않게 된다. 그래서 이런 죄의식도 업장에 해당한다. 그러므로 악업을 자꾸 떠올리며 괴로워하기보다는 악업에 따라오는 괴로운 과보는 기꺼이 감수하고, 선업을 짓는 일을 게을리하지 않아야 한다.

업장을 소멸하기 위해서는 더 이상 탐욕과 어리석음에 물들어

참회와 업장

업장은 우리의 앞길을 가로막는 장애물이다. 죄의 뿌리가 깊고 깊어 죄의 덩어리가 단단히 뭉친 것, 이기적인 행위가 습관이 되어 자신에게 쌓인 것을 말한다. 이러한 것이 죄의식으로 작용하여 내 앞길을 시시때때로 가로막는다.

참회는 잘못을 뉘우치고 용서를 비는 일이다. 자신의 깊은 죄업과 죄의식을 철저하게 비울 때, 죄로 가득한 예전의 내가 사라지고 새로운 나로 다시 태어날 수 있다.

똑같은 잘못을 반복하지 않겠다고 불보살님 앞에 진심으로 잘못을 뉘우치고, 이웃과 사회에 선업을 지어야 한다. 참회를 통해서만 업장을 소멸시킬 수 있다. 참회하는 순간 우리의 죄업이 소멸되고 새로운 인생으로 거듭나게 된다. 수많은 사람을 살해한 앙굴리말라의 경우에도 부처님을 만나 부처님의 말씀을 들은 뒤 자신이 무슨 짓을 했는지 똑똑히 알아차리고 그 악업의 과보를 제대로 인식했다. 그래서 비록 살생의 악업은 지었지만 선하고 바른 업을 짓는 수행자로 거듭날 수 있었다. 그러므로 진정한 불자라면 주변 사람들에게 말이나 행동으로 상처를 주었을 때 죄를 뉘우치고 용서를 구해야 한다. 상처가 치유되지 않고 오랫동안 남으면 원한과 증오가 쌓이기 마련이다. 그러나 참회를 통해 용서를 구하고 용서해 준다면, 상처는 치유되고 원만한 관계를 회복하게 될 것이다.

그릇을 깨끗하게 비워 내지 않으면 향기롭고 맛있는 음식을 담을 수 없듯이 깨끗한 법을 받아들이기 위해서는 먼저 오염된 것을 씻어 내야 한다. 참회는 처벌을 피하려는 데 의미가 있는 것이 아니라 새로운 사람으로 거듭나기 위한 첫 작업이라는 것을 잊어서는 안 된다.

불교에 갓 입문한 사람이라면 과거 자신의 그릇된 행동이나 잘못된 습관을 참회하는 의식을 치르길 권한다. 더욱 밝고 희망찬 미래가 당신을 맞이할 것이다.

05 불자의 윤리와 도덕

불교 윤리는 부처님의 가르침에 의거한 윤리를 말한다. 앞에서 살펴본 계율도 불교 윤리에 포함된다. 이러한 것들은 우리를 해탈 열반의 세계로 향하게 하기 위한 윤리적 덕목이기도 하다.

흔히 불교의 윤리를 '마음의 윤리'라고 말한다. 마음의 해탈과 행복을 추구하기 때문이다. 구체적으로 말해서 탐욕과 분노, 어리석음을 소멸하는 실천 윤리이며, 자비의 윤리이자, 지혜의 윤리이다. 아파하는 중생의 고통을 제거하고 행복과 즐거움을 부여하는 것이 자비의 실천이며, 그러한 자비의 실천 덕목이 불교 윤리의 다양한 지향점이다. 현대에 들어서 자비의 실천은 계의 정신과 맞물려 생명과 인권 존중, 환경 보호, 인터넷을 비롯한 각종 매체에서의 윤리로 확대되고 있다.

생명 존중과 관련해서는 동물 보호까지 불살생의 실천 범주로 넣어 넉넉하게 품어 주고 있으나 그 적용 기준을 어디까지 열고 제한할 것인가는 관계된 모든 생명의 진정한 고통 단절이 판단 기준이 되어야 할 것이다. 현대사회에서는 소나 돼지, 닭, 오리 등을 대량 사육하면서 생산량을 극대화하기 위해 이들을 열악한 환경으로 몰아넣어 학대하고 철저하게 유린한다. 뿐만 아니라 그로 인해 발생하는 구제역이나 조류 독감 등을 이유로 동물들을 대량 살상하기도 한다. 동물들도 하나의 생명임에는 분명하므로 그들의 생존권을 보호하기 위한 적당한 조치가 마련되어야 하며, 그 죽음 또한 위무받아야 마땅하다. 그리고 인간은 지나친 탐욕을 줄여 나감으로써 동물과 조화로운 관계를 이룰 수 있도록 노력해야 한다.

인권에 대해 바라볼 때도 불교적 관점이 필요하다. 불필요한 연명 치료를 중단하거나 존엄사, 낙태 등의 행위는 살상에 해당되기 때문에 단순히 바라보면 해서는 안 될 일이다. 그렇지만 이러한 쟁점들은 일방적인 잣대로 가부를 따질 문제만은 아니다. 이러한 일을 허용함으로 인해서 당사자의 고통을 얼마나 제거할 수 있고 진정 행복할 수 있을 것인가에 대한 지혜로운 판단이 따라야 한다.

환경 보호를 위해서도 불교 윤리적 지침이 요구된다. 이 또한 인간의 무절제한 탐욕과 연결되어 있다. 그러므로 환경 개선을 위해 불자들은 다소 불편하더라도 적게 쓰며 인욕하고 자연을 살릴 수 있는 생활 습관을 길들여 나가야 하는 것이다.

마지막은 최근 인터넷상의 가장 큰 문제로 대두되고 있는 악성 댓글의 문제다. 이 문제 역시 불교적 관점에 따라 명확히 바라보아야 한다. 일반적인 관점으로 보아도 인격 모독적인 악성 댓글을 다는 행위는 분명 잘못된 것이다. 불교적 관점에서도 잘못된 행위인 것은 마찬가지다. 불자라면 반드시 지켜야 하는 오계 중 '거짓말을 하지 말라'라는 항목에 비추어 생각해 보아도 사실과 상관없이 자극적인 내용을 담은 악성 댓글은 분명 부처님 가르침과 어긋난다. 익명성을 전제로 한 악담, 꾸민 말, 이간질하는 말을 해서는 안 될 것이다.

실천과제

- 칠불통계게의 내용을 생각하며 내 가족이나 이웃, 사회에 대한 선행을 한 가지씩 실천해 보자.
- 참회기도를 통해 자신의 하루를 돌아보고 깨끗한 마음을 회복하여 새로운 내일을 맞이하자.

6장

삶의 평온을 위한 신행 생활 어떻게 할 것인가

수행의 종류와 방법

강릉 신복사지 석조 공양보살상

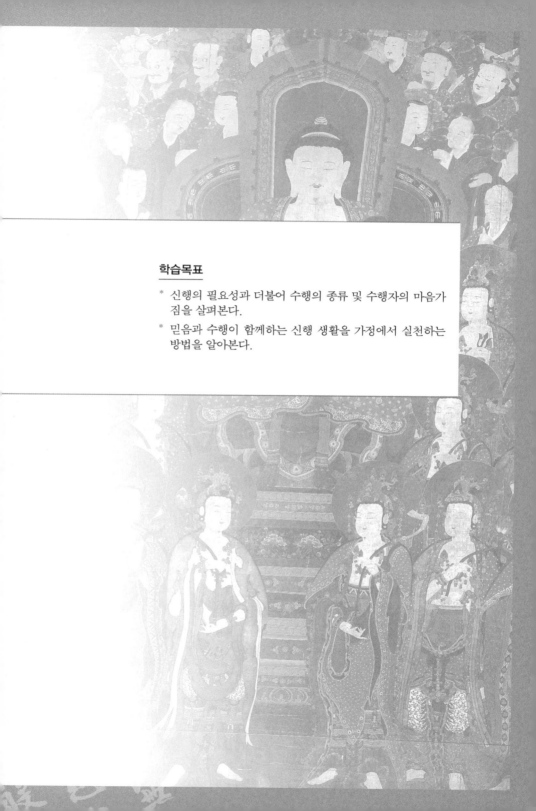

학습목표

* 신행의 필요성과 더불어 수행의 종류 및 수행자의 마음가
  짐을 살펴본다.
* 믿음과 수행이 함께하는 신행 생활을 가정에서 실천하는
  방법을 알아본다.

01 / 신행
믿음과 수행이 함께하다

"만일 부지런히 정진하면 어려운 일이 없을 것이다. 그러므로 너희들은 마땅히 부지런히 정진해야 한다. 비유컨대 작은 물방울도 쉬지 않고 떨어지면 돌을 뚫는 것과 같다. 만약 수행인의 마음이 게을러 정진을 쉬게 되면, 마치 나무를 비벼 불씨를 얻으려 할 때 나무가 뜨거워지기도 전에 그만두는 것과 같다. 아무리 불씨를 얻으려고 하더라도 얻지 못할 것이다. 이것을 정진이라 한다."

– 『유교경』

불교를 '수행의 종교' 혹은 '깨달음의 종교'라고 한다. 불교에서는 수행을 통해 스스로 깨달음의 길을 열어 가기 때문이다. 그러면서도 다른 한편으로 부처님에 대한 믿음으로 이를 수 있는 구원의 길도 열어 놓는데, 그러한 믿음과 구원의 길도 궁극적으로는 깨달음과 연결된다. 부처님에 대한 믿음과 가피라는 타력에 의지하더라도 깨달음의 끈을 놓지 않는 것이다.

가피(加被)란 우리를 향한 부처님의 대자대비한 마음이요 힘이다. 부처님은 자신이 지은 공덕을 자신만 누리지 않고 중생을 향해 베풀고, 절망에 빠져 있으면 도움의 손길을 건네어 구원해 주신다. 우리는 스스로의 힘으로 깨달음을 열어 나가지만 부처님이나 주변의 도움으로 깨달음을 열어 나가기도 한다.

부처님이 깨달은 법을 믿고 이해하여, 그것을 삶의 현장에서 구체적으로 실천 수행하고 성취하는 삶이 불자들의 신행 생활이다. 이러한 신행 생활을 불교에서는 신(信) · 해(解) · 행(行) · 증(證)의 과정이라 일컫는데, 이 일련의 과정을 줄여서 신행(信行)이라고 한다. 불자들은 이러한 신행 생활을 통하여 지혜와 자비를 실천하고 영원한 자유의 길로 가게 되는 것이다.

아울러 사찰에서의 법회 참석 및 봉사 활동, 보시, 그 밖에 불자로서의 활동 전반을 신행 생활이라 한다. 불자들의 삶은 단순한 믿음에서 끝나는 것이 아니라 행위와 실천을 동반한 자기 변화를 중요시하기 때문이다. 불자들은 사찰과 가정에서의 갖가지 신행 생활을 통해 마음의 평화와 행복, 복덕을 얻는 것은 물론 당당하고 두려움 없는 삶을 전개해 나가는 것이다. 그런 과정 속에서 깨달음은 자연스럽게 전개되고 배어 나오기 마련이다.

신행 생활 중 믿음에는 이 세상에 두루하신 부처님에 대한 믿음도 있고, 나 자신이 본래 부처라는 믿음도 있다. 불교에서는 그 둘 다 믿음의 대상으로서 중요하게 여긴다.

불자들의 실천적 삶에서 중요한 영역을 차지하는 수행은 다양하고 광범위하다. 수행은 고삐 풀린 망아지처럼 이리저리 펄펄 뛰는 몸과 마음의 고삐를 잡아매 마음을 길들이는 것이다. 육신을 제어하고 마음을 길들이다 보면, 마음이 평온해지고 갈등이 사라진다. 그렇게 끝없이 욕심 부리고 불같이 분노하는 '이기적인 자아'를 걷어 내고 나면 마음속에 본래부터 자리 잡고 있었던 부처님의 모습이 드러나게 된다.

불교에서 말하는 신행은 개인의 삶에 국한되지 않는다. 우리가 번뇌와 갈등으로 힘들어 하는 가장 큰 이유는 어리석음과 나에 대한 집착 때문이다. 이런 어리석음과 집착으로 인해 온갖 고통이 일어난다. 그래서 수행을 통해 나를 중심으로 생각하던 편견과 억측과 아집을 내려놓는다. 불교에서 보시를 강조하는 것도 그런 이유에서다. 보시는 자신이 가진 것을 다른 이와 나누는 행위로, 보시를 통해 내 것이라는 생각을 내려놓으면서 결국 '나'라는 생각을 놓게 하는 수행이다. '나'라는 생각, '내 것'이라는 생각이 강하게 자리 잡고 있다면 보시와 나눔은 불가능하다.

불교 수행은 곧 '나를 내려놓는 연습'이다. 나라는 생각을 내려놓을 때 세상을 있는 그대로 보게 된다. 나라는 집착을 내려놓을 때 마음이 쉬게 되고 여유로워지며, 세상을 넓고 깊게 보면서 함께 사

수행(修行)이란 몸과 마음을 닦아 길들이는 것을 말한다. 본래 수행을 의미하는 말인 바와나(bhāvanā)는 '변화되어 가는 것'을 뜻한다. 이렇게 변화되어 가는 것을 정진 또는 근행(勤行)이라 번역한 것은 이 말에 닦음의 의미가 있기 때문이다. 닦음을 통해 자유롭고 평온해진다.

는 아름다움을 느낄 수 있게 된다. 그러면 지혜가 솟아나고 한없는 자비심이 펼쳐진다. 기도를 하거나 수행할 때 외는 발원문에서도 시작할 때는 나 자신이나 주위의 사람을 위해 기도를 했을지도 모르지만 그 끝은 '다 같이 극락정토에 태어나고 다 같이 불도를 이루기를 원합니다'라고 짓는 것이 그 때문이다.

우주에 충만하신 부처님과 부처님의 가피력과 나 자신이 본래 부처라는 가르침을 믿고 부처님께서 제시한 길을 가면 마음이 평온하고 행복한 삶이 이어질 것이며 끝내 깨달은 삶을 살아갈 수 있다는 믿음을 가지고 수행하는 삶이 바로 진정한 신행 생활이다.

02
계율 · 선정 · 지혜가
함께하는 수행

"수행에는 다섯 가지 방법이 있어 올바른 믿음을 완성한다. 첫째, 널리 베푸는 수행이요, 둘째, 청정한 계율을 지키는 수행이요, 셋째, 참고 견디는 수행이요, 넷째, 게으름과 물러남이 없이 나아가는 수행이요, 다섯째, 지관을 닦는 수행이다."

– 『대승기신론』

1) 수행의 중심 내용은 계 · 정 · 혜 삼학

불교에서는 개인의 능력과 근기에 맞는 다양한 수행 방법을 제시한다. 하지만 어떤 수행이라도 그 중심 내용은 모두 계(戒) · 정(定) · 혜(慧) 삼학이다.

계학은 계율을 지켜 나가는 것을 말한다. 계를 지킴은 모든 수행의 시작이자 근본이다. 계를 지킴으로써 몸이 욕망에 물들어 이리저리 날뛰지 않도록 잘 다스리게 된다. 정학은 선정을 닦아 나가는 것을 말한다. 마음을 고요히 가라 앉혀 마음의 혼란과 시끄러움을 잠재워서 몸과 마음을 편안하고 조화롭게 유지하는 것을 말한다. 혜학은 지혜를 닦아 얻음을 말한다. 여기서 말하는 지혜는 세속적인 지혜가 아니라 사성제 등 연기의 도리를 여실하게 아는 지혜요, 무아를 통찰하는 지혜를 말한다. 이러한 지혜는 그냥 생겨나는 것이 아니라 계학과 정학이 바탕이 되어 생긴다. 지혜의 수레가 굴러가기 위해서는 계율과 선정이라는 두 개의 수레바퀴가 갖춰져야 하는 것이다.

"덕이 증가되는 이유는 계 · 정 · 혜 삼학을 모두 갖추어 결여되거나 없어지지 않기 때문이다."
– 『대승장엄경론』

계 · 정 · 혜 삼학은 서로 연결되어 있다. 계학에 의해 정학이 이루어지고, 정학에 의해 혜학이 이뤄진다. 가령 계의 그릇이 온전하고 견고해야 선정의 물이 맑게 고이고, 맑게 고인 물에 지혜의 달이 나타나게 된다. 반대로 계학은 정학에 의해 완전해지고, 정학은 혜학에 의해 완전해진다.

계율로 탐욕을 다스리고, 선정으로 성냄을 다스리며, 지혜로 어리석음을 다스린다. 이 탐욕, 성냄, 어리석음을 탐 · 진 · 치, 삼독이라 한다. 삼학이 무르익으면 삼독이 힘을 펴지 못한다. 계에 의해 선정의 그릇이 튼튼해지고, 선정으로 끓어오르는 번뇌를 잠재우기 때문이다. 하지만 선정만으로는 번뇌를 완전히 끊을 수 없다.

선정을 거쳐 드러나는 지혜를 갖춰야 비로소 번뇌는 완전히 끊어져 더 이상 생겨나지 않는다. 즉 계학은 번뇌라는 도둑을 잡는 역할을, 정학은 번뇌라는 도둑을 묶는 역할을, 혜학은 번뇌라는 도둑을 없애는 역할을 한다.

불자의 신행 생활 역시 계·정·혜 삼학 속에서 이뤄진다. 계를 지키며 살아가는 모습이 계학, 어떤 대상에 의해 마음이 들뜨거나 가라앉지 않고 평온한 마음을 유지하는 모습이 정학, 그 가운데 편견에 치우치지 않은 균형 잡힌 밝은 지혜가 드러나는 것이 혜학이다.

2) 수행의 종류

누군가는 '하나의 수행법만 있으면 되지 않겠는가?'라고 말할 수도 있다. 하지만 중생들은 저마다의 능력과 타고난 성품에 차이가 있으므로 그 근기에 맞추어 다양한 수행법이 제시된다. 그러면 현재 한국불교에서 행해지는 여러 가지 수행법을 살펴보기로 하자.

(1) 선과 간화선

선은 마음을 고요히 가라앉히고 집중해 들어가며 닦는 수행법으로, 참선(參禪)이라고도 한다. '참(參)'은 생각함을 뜻하고, '선(禪)'은 산스크리트 디야나(dhyāna)를 음사한 말로 그 의미 역시 '사유함'이다. 따라서 참선이란 '깊이 사유함'이라고 정의할 수 있다.

사유의 과정이 깊어지다 보면 마음이 한 가지 대상에 집중되어 안과 밖이 전일(全一)한 상태에 이른다. 외부의 어떠한 소리나 변화에도 흔들리지 않고 나와 대상이 온전하게 하나가 된 상태, 그것을 삼매, 또는 정(定)이라고 부른다. 마치 맑은 거울과 같은 모습, 한 점 티끌도 없는 잔잔한 물과 같은 모습이다. 그러한 거울이나 물속에는 모든 것이 그대로 투영되어 나타난다. 이렇게 어느 한 가지 대상에 집중해 들어가 삼매의 상태에 이르면 마음의 깨끗한 모습을 보게 되고, 결국 그 마음의 본래 자리로 들어간다.

보통 선 또는 참선이라고 하면 좌선(坐禪)을 생각하지만, 선의 종류는 다양하다. 태국, 스리랑카, 미얀마 등 동남아시아의 남방불교권에서는 위빠사나라는 참선 방법이 전해진다. 한국을 비롯한 중국, 일본 등 북방불교권에서는 화두나 공안의 의미를 추구하는 간화선(看話禪)과 조용히 자신의 본성을 비추어 보는 묵조선(默照禪) 등의 수행법이 있다. 일반적으로 선이라고 하면 조계종에서 하는 간화선을 말하는데, 이는 한국불교의 대표적인 수행법이다.

간화선은 화두를 통해서 수행자가 큰 의심을 일으키게 하고 스스로 그 의심을 타파하여 단박에 깨달음을 여는 수행법이다. 간화란 '화두〔話〕를 본다〔看〕'는 뜻으로 보통 '화두를 든다', '화두를 참구한다'고 한다. 화두는 쉽게 말해서 '아주 큰 의심', '근원적인 의심'이다. 따라서 화두를 들면 그 화두에 대한 궁금증 때문에 그 속으로 사무치게 들어가 화두와 내가 하나가 된다. 간화선에서는 화

선문답(禪問答)
선사인 스승과 제자 사이에 오고간 문답을 선문답이라 한다. 보통 선문답은 우리들의 일상적인 대화 구조를 뛰어넘는다. 우리가 말하는 이성을 바탕으로 하는 분별 의식을 뛰어넘기 때문이다. 그렇기 때문에 언어의 길이 막혔다 하여 언어도단(言語道斷)이라 하기도 한다. 이 선문답에 화두와 공안이 자리 잡고 있다.

두로 모든 사유 작용을 끊고, 그 생각이 끊긴 자리에서 본래 성품을 찾아가는 것을 특징으로 한다. 인도의 선을 비롯한 그 밖의 선이 마음을 어느 한 대상에 집중하여 차례차례 깊이 관찰해 들어간다면, 간화선은 화두를 통해 단박에 마음의 본바탕으로 들어간다.

현재 대한불교조계종은 간화선을 핵심 수행법으로 삼으며 여타의 수행법을 섭수, 통합하고 있다. 대한불교조계종의 불자라면 간화선 수행을 해야 하겠지만, 사람마다 기질이 다르기 때문에 불교의 가치관에 입각해 있는 수행이라면 어떤 수행을 해도 무방하다.

(2) 위빠사나와 사마타

빨리어 위빠사나(vipassanā)는 '꿰뚫어 봄', '통찰'을 뜻한다. 이것을 한자로 관(觀) 혹은 관법(觀法)이라 번역한다. 앞에서 언급한 바와 같이 위빠사나 역시 선의 한 종류다. 위빠사나는 동남아시아 및 구미에 널리 퍼져 있으며, 근래 우리나라에서도 그 영향력이 확대되고 있다.

위빠사나와 어울리는 개념이 산스크리트 사마타(śamatha)이다. 사마타란 마음을 하나의 대상에 집중하는 수행으로 대상을 있는 그대로 관찰하는 위빠사나 수행을 위한 준비 단계이자 전제 조건이다. 사마타는 마음을 오로지 한 대상에 모으며 집중해 들어가기 때문에 삼매에 들어 온갖 번뇌와 망상, 분별 작용을 그치게 된다. 그래서 지(止)라고 번역한다.

마음을 어느 한 대상에 집중하여 선에 들어 삼매의 상태에 이른 것을 선정이라 한다. 마음이 흔들려 정신의 집중을 이루지 못하면 대상을 있는 그대로 보지 못한다. 마음에서 모든 분별 작용이 사라져 고요해졌을 때, 즉 사마타가 이루어졌을 때 대상을 있는 그대로 보게 되는 위빠사나의 작용이 이루어진다. 있는 그대로 보면 지혜가 드러나게 된다.

이렇게 사마타와 위빠사나, 즉 지와 관, 선정과 지혜는 떨어질 수 없다. 마음이 지의 상태에 이르면 마음의 동요가 사라지고 마음이 고요해진다. 그 상태에서 모든 것을 있는 그대로 관하는 지혜가 나온다.

(3) 염불

염불은 입으로는 불보살님의 명호를 부르고 마음으로는 불보살님을 간절히 생각하고 떠올리는 수행이다. '(나무)관세음보살', '나무아미타불', '(나무)석가모니불' 등 불보살님을 부르면서 자신의 마음을 부처님 마음으로 꽉 채운다. 결국 내 마음이 부처님과 같이 바뀌어 깨달음에 이르거나 깨달음이 드러나는 수행이 염불이다.

염불을 할 때에는 소리를 내든 내지 않든 불보살님의 명호를 또박또박 부르면서 마음속으로 떠올려야 한다. 염불을 하면서 자신의 소리를 언제나 생생하게 들을 수 있어야 한다. 그렇지 않으면 마음이 산란해져 입으로는 염불을 하면서도 속으로는 잡생각을 하게 된다. 부처님을 부르는 동작 하나에도 정신을 모아 흐트러짐이 없는 상태가 진정한 염불이다.

대승경전에서는 삼매에 들어 염불하는 염불삼매를 설한다. 삼매 상태에서는 부처님을 친견하는 것은 물론이고 부처님의 나라에 태어나길 발원하면 반드시 그렇게 된다고 한다. 그래서 『아미타경』에서는 깨달음을 이루지 못한 사람이라도 임종할 때 일념으로 아미타불을 열 번만 부르면 서방정토에 왕생한다고 말한다.

염불과 같이 한마음 한뜻으로 불보살님의 지혜와 공덕을 찬탄하면서 그 명호를 부르며 정진하는 것을 정근(精勤)이라 한다. 정근이란 선법을 더욱 자라게 하고, 악법을 멀리 여의려고 부지런히 쉬지 않고 수행한다는 뜻이다. 산만한 마음을 안정시켜 편안하게 하며 어떤 환경에도 마음이 흔들리지 않고 맑고 밝아지게 하는 데 정근의 의의가 있다.

(4) 간경

간경(看經)은 경전을 보고 읽는 것을 말한다. 그냥 건성으로 읽는 것이 아니라 마음의 눈으로 보고 내 것으로 삼아야 하기 때문에 본다는 뜻의 한자 간(看)을 써서 간경이라 한다. 경전은 바른 길을 제시하는 지혜의 창고다. 경전을 자주 읽고 외우며 몸과 마음에 지니게 되면 지혜의 눈이 열린다.

원래 경전은 중생에게 깨달음의 길을 널리 펴고자 만들어진 것이다. 그래서 처음에는 경전을 통해 깨달음의 의미와 내용을 이해하고 그와 같이 실천하기 위해 읽었으나, 후대에는 읽고 외우는 그 자체가 하나의 수행법으로 인식되었다. 경전을 읽고 부처님의 덕을 찬탄하면서 원하는 일이 속히 이루어지도록 발원하기도 하고, 죽은 자를 위해 독경하여 그 공덕으로 극락왕생을 바라거나 명복을 빌기도 한다. 경전에 있는 부처님 말씀을 통해 지혜를 열어 장애를 제거하거나 어둠을 밝혀 밝은 저세상으로 가기 때문이다.

경전의 말씀과 의미를 되새긴다는 의미에서 경전을 옮겨 쓰는 사경(寫經) 역시 간경에 포함된다.

(5) 절

절이란 신체를 움직여 상대에게 존경하는 마음을 표현하는 예법이다. 두 무릎과 두 팔꿈치와 이마의 다섯 부분을 땅에 붙이고 양손으로는 상대방의 발을 받들기 때문에 오체투지(五體投地)라고 한다. 상대방의 신체 맨 아랫부분인 발을 받들어 극진한 예를 표할 만큼 온몸과 마음을 다하여 한없이 존경하는 마음과 귀의하는 마음을 보이는 것이다. 이렇게 자신의 이마를 존경하는 분의 발밑에 대고 양손으로 공경하는 것은 한없이 자기를 낮추는 하심의 표현이기도 하다.

상대방에 대한 존경을 나타내는 절이 수행이 될 수 있는 가장 큰 이유는 절을 하면서 자신의 마음을 낮추어 탐욕, 성냄, 어리석음이라는 삼독심을 없애기 때문이다. 그러므로 절을 할 때 자신을 낮추는 하심이 없다면 몸의 굴신운동으로만 끝날 뿐 올바른 수행이 될 수 없다.

또한 절은 인욕하는 마음을 갖추게 하여 자연스럽게 육바라밀 수행과도 연결된다. 나아가 건강은 물론 몸과 마음의 평화와 안정을 도모해 준다는 점에서 현대인의 수행법으로 손색이 없다. 이 밖에도 절은 삼보일배와 같이 대 사회적인 참여의 수단으로도 활용되어 불교적 가치를 내외에 천명하는 역할을 하기도 한다. 그러므로 일찍 일어나 잠시 참선에 든 후 108배로 하루를 시작하는 것은 건강한 불자의 행복한 살림살이가 될 것이다.

(6) 주력

주력(呪力)이란 진실한 말의 힘을 말한다. 그 진실한 말은 진짜 말이요, 참말이기에 한자로 진언(眞言)이라 한다. 진언이란 부처님의 방대한 가르침을 응축한 진실한 말을 가리키는 것으로, 이 진언을 외우는 수행을 주력 수행이라고 한다.

불교에서는 이러한 주력 수행을 일상생활에서 악을 물리치고 복을 구하는 소원 성취의 수단으로 삼기도 하였으며, 궁극적으로는 수행의 단계로까지 끌어올렸다. 즉 주력 수행을 깨달음을 여는 길로 열어 놓은 것이다. 주력의 종류 중 대표적인 것으로는 천수대비주, 능엄주, 육자대명왕진언, 광명진언 등이 있으며, 그 밖에 일상 의례에서 사용하는 다양한 진언이 있다.

진언을 외우기 전에는 그 진언을 설한 불보살님의 의도와 마음을 알아야 한다. 예컨대 천수대비주를 외울 때 무조건 진언을 외는 것이 아니라 관세음보살의 대자대비한 마음과 그 대비주를 설하신 목적을 떠올려야 한다.

　주력 수행은 염불 수행과 마찬가지로 입으로 또박또박 주문을 부르고 마음으로 그 주문을 떠올리며 귀로도 또박또박 들어야 한다. 입으로 주문을 외우지 않고 마음으로 주문을 떠올릴 때도 해당 불보살님의 정신을 가슴 깊이 새겨야 한다.

03 기도
불보살님의 가피로
수행 정진에 힘을 더하다

"맑고 지극한 마음이 끊어지지 않고 구하고자 하면 반드시 응해
준다."
- 『묘비보살소문경』

신행 생활은 기도라는 구체적인 형태로 드러나기도 한다. 기도
란 일반적으로 자신의 한계를 극복하거나 부족한 부분을 채우기
위해 신이나 그 밖의 신비한 힘에 의지하여 간절하게 비는 행위를
말한다. 불교에서는 부처님의 가피로 어려운 상황을 극복하고 바
라는 바를 성취하고자 기도를 한다. 가피란 부처님께서 중생을 구
제하려는 회향의 힘이자 중생들을 향한 부처님의 은혜를 뜻한다.
간절하게 기도하면 중생을 구제하겠다는 부처님의 원력과 연민이
감응하여 내가 바라는 바를 달성하게 된다.

보통 기도와 같은 신행 생활을 이야기할 때 타력이니 자력이니
말이 많다. 그런데 잠시 생각해 보면 100퍼센트 자력도 없고, 100

퍼센트 타력도 없다. 100퍼센트 타력인 것 같지만, 간절히 매달리는 기도자가 없는데 어찌 다른 도움이 있겠는가? 반대로 100퍼센트 자력인 것 같지만, 그 신행 생활 하나하나가 주위의 도움 없이 어떻게 가능하겠는가? 생명을 지탱하는 곡기는 어디서 왔으며, 입고 있는 옷은 또 어떠한가? 무엇보다 중요한 스승의 가르침은 어떠한가?

감응(感應)이라는 말은 간절히 믿는 마음이 불보살님에게 통함을 뜻한다. 이 역시 일방향적인 말이 아니라 쌍방향적인 말이다. '감(感)'은 '불러들이다'의 뜻으로 중생이 불보살님에게 다가간다는 의미이며, '응(應)'은 불보살님께서 이에 응하여 다가오신다는 뜻이다. 연못물이 맑아진 만큼(感) 달이 비치는 것(應)처럼, 중생이 부딪쳐 온 만큼(感) 불보살님께서 응해 주시는 것(應)이다. 따라서 중생의 다가감(感)과 불보살님의 응해 주심(應)이 서로 통하여 하나가 된다는 뜻이다. 불보살님의 가피도 이런 측면으로 이해해야 한다.

감응이라는 말의 뜻을 볼 때 100퍼센트 타력은 있을 수 없다. 내가 노력하지 않는데 불보살님이 나에게 응해 줄 리 천부당만부당하다. 자력이니 타력이니 하는 말은 어느 측면이 더 부각되는지의 차이일 뿐, 기도하는 노력 없이 감응을 받을 수는 없다.

자식의 학업 성취를 위해 기도하는 부모의 마음도 마찬가지다. 타력이니 기복이니 하며 한쪽으로만 판단할 것이 아니다. 그 부모의 간절함이 부처님 가르침으로 나아가는 계기가 될 수 있다.

불교에서는 기도를 권청(勸請)이라고도 한다. 권청은 일체중생이 어리석은 마음을 떨쳐 버리고 하루 속히 지혜의 눈이 열리도록 부처님께 청하는 의식이다. 그 안에는 바른 깨달음을 성취하여 모든 이웃에게 기쁜 마음으로 회향하겠다는 서원의 의미가 들어 있다. 기도를 통해서 나와 이웃, 그리고 모든 중생에게 부처님과 보살님의 공덕이 함께하기를 서원하고 또한 자신의 편협한 마음을 부처님 마음으로 되살릴 때, 기도의 공덕은 더욱 커지고 기도 성취는 넓고 깊게 이루어진다. 서원으로 하는 기도, 다짐으로 하는 기도는 그 서원과 다짐이 부처님의 가피로 인해서 더욱 굳세어지고 튼튼해져서 쉽게 좌절되지 않는다는 데 그 진정한 의미가 있다.

기도는 부처님의 가르침을 믿고 의지하며 이 생명 다하도록 실천하겠다는 깨끗한 마음에서부터 시작된다. 부처님 앞에서 자신의 모든 가치 판단을 내려놓고 한마음으로 간구하면 기도는 이루어진다.

기도가 성취됨은 궁극적으로 업장이 소멸되는 것이다. 업장 소멸은 내면의 근본적인 변화가 있어야 가능하다. 내면의 근본적인 변화가 업장을 소멸하고 업의 뿌리를 바꾸면서 내 몸과 마음에 커다란 변화가 생기게 된다. 그렇게 해서 하나하나의 마음가짐과 행동이 진리와 자연스럽게 일치된다면, 기도는 바로 수행이 된다. 기도를 통해서 참된 성품을 개발하고 진리와 만나게 되는 것이다. 그리하여 결국에는 깨달음과 함께하게 되며, 그 가운데 부처님의 가피가 함께한다.

04 기도·수행하는 마음가짐과 방법

"무릇 참구하는 공안에 대해서 간절한 마음으로 공부를 지어 가되 마치 닭이 알을 품듯 하고, 고양이가 쥐를 잡을 때와 같이 하고, 주린 사람이 밥 생각하듯 하며, 목마른 사람이 물 생각하듯 하고, 아기가 엄마 생각하듯 하면 반드시 꿰뚫을 때가 있으리라."

— 서산 대사, 『선가귀감』

'닭이 알을 품듯, 고양이가 쥐를 잡듯, 주린 사람이 밥 생각하듯, 목마른 이가 물 생각하듯, 아기가 엄마 생각하듯'이라는 말은 스님들이 간절함을 이야기할 때 거의 관용구처럼 언급하는 말이다. 서산 대사가 참선 수행자를 위해 하신 귀중한 말씀이지만 모든 신행 생활에 있어 새겨둬야 할 내용이기도 하다.

기도·수행을 할 때는 온몸과 온 마음을 다해서 해야 한다. 마치 배고픈 아이가 젖을 찾듯이, 목마른 사람이 물을 찾듯이 억지로 지어서 내는 마음이 아니라 진심에서 우러나는 간절한 마음으로 오로지 하나의 대상에 정신을 집중하여 전심전력으로 매달려야지, 간절한 마음이 없다면 기도·수행의 성취는 있을 수 없다. 간절한 마음으로 몸과 마음을 다해 기도·수행을 할 때 삼매의 경지에 이르게 되고, 삼매의 상태에서 스스로 지혜를 발견하여 업장을 녹이거나 부처님의 가피로 업장이 녹게 된다.

이러한 기도·수행의 마음바탕에는 부처님의 법에 대한 확실한 앎과 믿음이 있어야 한다. 반신반의하는 믿음이 아니라 결정적인 믿음이다. '수행의 결과가 제대로 나타날까?', '기도가 이루어질까?' 하고 물러서는 마음이 있다면 처음부터 잘못된 마음으로 시작한 것이다.

> 믿음은 도의 근본, 공덕의 어머니
> 모든 착한 법을 길러 내며
> 의심의 그물 끊고 애욕 벗어나
> 열반의 위없는 도 열어 보이네.
> - 『화엄경』

한편 불교에서는 믿음만 강조하지는 않는다. 부처님의 가르침이 무엇인지도 모르고, 불보살님이 어떠한 분인지도 모르면서 무작정 기도나 수행만 하는 것은 올바른 태도라고 할 수 없다. 믿음 못지않게 지혜도 중요하다. 믿음과 지혜가 함께여야지, 믿음이 없으면 부처님 법에 들어올 수 없고, 지혜가 없으면 어리석음 때문에 앞으로 나아갈 수 없다. 그래서 경전에서는 다음과 같이 말한다.

"만일 믿음은 있으나 지혜가 없으면 이 사람은 어리석음을 키우고, 지혜는 있으나 믿음이 없으면 이 사람은 그릇된 소견을 키우게 된다."
- 『대반열반경』

기도·수행할 때에는 주변의 모든 이웃에게 자비로운 마음을 내는 것이 중요하다. 그것이 대승보살의 마음이며 더불어 살아가고자 하는 불자의 마음이다. 세상의 모든 중생이 나와 한몸임을 알고, 그들 모두에게 평화와 안락이 깃들기를 바라며, 누구에게도 원망이나 미움의 마음을 갖지 않아야 한다. 이와 같은 마음가짐으로 기도를 하고 수행을 할 때 참다운 공덕을 쌓을 수 있으며, 진정한 마음의 평화와 안정을 얻을 수 있다.

기도를 할 때는 가능한 한 매일 같은 장소, 같은 시간, 같은 방법으로 하는 것이 좋다. 수행도 마찬가지다. 작은 물방울이 단단하고 커다란 바위를 뚫는 것처럼, 기도와 수행을 지속적으로 반복하면 반드시 성취된다. 집이나 법당, 또는 다른 사람의 방해를 받지 않는 장소에서 규칙적으로 기도와 수행을 할 때 마음이 안정되고 집중할 수 있는 힘이 생긴다.

수행을 할 때에는 몸과 마음의 자세와 호흡이 중요하다. 일반적으로 두 무릎을 꿇고 앉으며, 결가부좌나 반가부좌로 앉기도 한다.

이렇게 앉는 법을 강조하는 것은 바른 자세에서 바른 호흡이 나오기 때문이다. 호흡이 안정되어 있을 때 자연히 정신도 안정되어 기도나 수행에 쉽게 몰입할 수 있다. 하지만 불보살님의 명호를 부르면서 수행을 하다 보면 호흡은 자연스레 안정이 되기 때문에 지나치게 호흡을 의식할 필요는 없다.

더 나아가 장소와 시간에 상관없이 길을 걷거나 차를 타거나 일을 하면서도 마음을 집중하여 기도하고 수행한다면 그 이상 바람직한 것은 없다. 반드시 지켜야 할 것은 기도와 수행의 절차는 부처님 말씀에 대한 바른 이해와 삼보에 대한 확실한 믿음 또는 귀의, 참회 등 각자가 선택한 수행법, 그리고 발원과 회향으로 이어져야 한다는 것이다.

진정으로 행복하게 살아가기 위해서 반드시 기억해야 할 것이 있다. 바로 불보살님의 가피와 행복이 거저 주어지지는 않는다는 점이다. 각자가 자신의 지난 삶을 반성하고 새롭게 거듭나겠다고 굳게 맹세하지 않으면 불가능하다. 또한 자신의 괴로움을 해결하고 자신과 자기 가족만의 행복을 바라는 데에서 한 걸음 더 나아가 이웃과 사회의 괴로움도 살펴야 한다. 우리는 세세생생 이런저런 인연을 맺으며 지금까지 이르렀고, 그 과정에서 내 옆의 누군가는 과거 어느 생에 내 부모, 내 가족이었을 수도 있기 때문이다. 분명 나는 누군가의 은혜를 입고 지냈다는 말이다.

그래서 기도하고 수행하는 삶에는 자기가 지금까지 입은 수많은 은혜를 갚겠다는 마음이 깔려야 한다. 은혜를 갚겠다는 마음으로 나를 위한 기도에 앞서 이웃을 위한 기도를 올리고, 나의 이익에 앞서 이웃의 이익을 먼저 생각하며 살아야 한다. 그런 행동이 메아리처럼 퍼져 나가면 세상은 서로의 행복을 위해 배려하고 양보하는 미덕으로 가득차게 된다.

그리고 마음만 착하게 하는 데에서 멈추지 말고 구체적으로 행동해야 한다. 선업은 마음만 착하게 먹는다고 나타나는 것이 아니라 행동과 말로도 나타난다. 상대를 진심으로 위하는 마음으로 선업을 짓는 것이 불자가 실천해야 하는 첫 번째 윤리적인 행동임을 잊지 말자.

05 가정에서의 신행 생활

가정은 우리가 태어나서 몸과 마음이 성장해 가는 곳이고, 사회에 나아가기 위한 준비를 하며 기초를 다지는 장소다. 서로를 존중하고 사랑하며 조건 없이 베풀고 돕는 보살의 기본적인 생활을 배우는 곳이 가정이다. 부처님께서는 모든 중생이 불성을 지니고 있으며 본래 부처라고 하셨다. 따라서 부모와 자식은 서로 부처님처럼 사랑하고 존중해야 한다. 그래야 상호 소통이 되며 아름다운 관계가 형성될 수 있다.

가정은 신행 도량이기도 하다. 자기 삶을 참답게 살아가는 것을 신행이라 한다면, 살아 있는 모든 시간이 바로 신행의 시간이다. 재가자들이 출가한 스님들처럼 수행만 하며 생활하기는 어려운 일이지만, 각자의 자질과 능력에 맞는 수행법을 꾸준히 실천하고 하루하루 수행하는 마음으로 경건하게 살아가야 한다. 하루를 시작하기 전 새벽 수행을 하면 그날이 즐겁고 보람찬 하루가 되며, 하루를 돌이켜 정리하는 저녁 수행은 알찬 내일을 기약하여 편안한 잠자리에 들게 한다. 또한 언제 어디서나 육바라밀을 실천하도록 자신의 생활을 가다듬는다면 나날이 복되고 좋은 날이 된다.

삶의 전환을 위해 일정 기간 집중 수행하는 방법도 좋다. 사찰에서 진행되는 동안거나 하안거 기간, 혹은 각자 필요한 기간을 정해 자신에게 맞는 기도와 수행을 한다면 그 기도와 수행이 진행되는 기간에는 삶의 활력 등을 느낄 수 있고, 그 기간이 끝났을 때는 성취감과 함께 불보살님의 은근한 가피가 가득하게 된다.

집중 수행 기간 동안 매일 일정액을 저금통에 모았다가 회향할 때 모아진 금액을 사찰이나 사회단체 등에 보시하는 것도 좋은 방법이다. 물론 집중 수행과 별도로 일상생활에서도 규칙적으로 매일 절을 하거나 독송을 하고 나서 보시금을 모아 한 달에 한 번 또는 연말에 보시하는 생활도 보살도를 행하는 좋은 방법이다.

가정마다 원불(願佛)을 모시는 것도 신앙과 수행을 유지하는 데

안거(安居)는 3개월 동안 일정한 곳에 머물러 수행 생활을 하는 것을 말한다.
안거 제도는 부처님 당시 비가 오는 여름철 3개월 동안 바깥출입을 삼가고 사원에 머물면서 수행한 것에서 유래하였다. 비가 많이 내리는 우기 동안 한곳에 정착하여 수행 생활을 하였기에, 이를 우안거 혹은 하안거라 한다. 반대로 겨울에 안거를 지내는 것을 동안거라 한다. 동안거는 음력 10월 15일에서 1월 15일까지, 하안거는 음력 4월 15일에서 7월 15일까지이다.
재가불자는 사찰에 오래 머물러 있는 것이 어려우므로 집에서 일정한 기간을 정해 놓고 생활 속에서 안거 수행을 진행할 수 있다.

큰 도움이 된다. 예전부터 우리 조상들은 가정에 원불을 모시고 평상시에도 지극한 신행 생활을 해 왔다. 원불을 모신 후에는 정성을 다해 모셔야 한다.

그러한 가정 환경 아래 태교에서부터 장례 의식에 이르는 가정 의례 또한 부처님과 인연을 맺어 주는 중요한 계기가 된다. 태교 때부터 부처님 말씀을 들으며 부처님과 같이 아름답고 편한 마음으로 태아를 잘 보살피다가 아기가 갓 태어났을 때 바르고 건강하게 자랄 수 있도록 영유아 수기식을 통해 축원해 줄 수도 있다. 물론 그 이후에도 법회 등을 통해 부처님 가르침과 함께할 수 있는 여건을 마련해야 한다.

혼례 의식도 마찬가지다. 불교에서는 혼례를 올릴 때 부처님께 꽃을 바치는 헌화 의식과 부처님께 혼인을 고하는 고불 의식을 한다. 두 사람이 만나 혼인하기 전에 부처님 전에 기도를 올리고 스님을 청하여 법문을 들으며 미래의 행복한 삶을 약속하는 것은 의미 있는 일이다.

그리고 누구나 맞이하는 죽음 때에도 스님을 모시고 여법하게

영유아 수기식
영아나 유아에게 계를 주어 불자로서의 길을 걷게 하는 의식을 말한다. 주지스님이 유아들에게 수기를 줌으로써 올바른 불자로 성장할 수 있는 계기를 마련함과 동시에 이 아이들이 큰 인물로 성장할 수 있도록 발원을 하는 것에 의의를 둔다. 아이의 건강과 행복도 기원하기 때문에 부모들도 아이와 함께 사찰과 중요한 인연을 맺게 된다.

장례 의식을 진행한다. 인생의 마지막을 밝히는 불교의 장례 의식은 스님의 집전 아래 시다림을 통해 영가의 극락왕생을 발원할 뿐만 아니라, 법문을 청해 들으며 영가를 편안하게 보내 주고 유족의 마음을 감싸 주는 시간 등의 절차로 구성된다.

그리고 고인이 돌아가신 후 7일마다 천도재를 열어 총 일곱 번의 재를 올리는 칠칠재(七七齋)를 지낸다. 보통 사십구재라고 하는데, 처음 칠재인 초재와 마지막 칠재인 막재는 반드시 치르도록 하는 것이 좋다.

그 밖에 종단의 법요 의식에 따라 가정 제사를 모시는 것도 가정에서의 중요한 신행 생활이다.

실천과제
- 각자에게 맞는 수행법을 택하여 짧은 시간이라도 매일 수행하는 생활을 해 본다.
- 매일 일정한 액수의 보시금을 모아 사찰이나 사회단체에 보시하는 습관을 가진다.

7장

불자는 무엇을 실천해야
행복하게 살 수 있는가

아름다운 사람, 보살로 사는 길

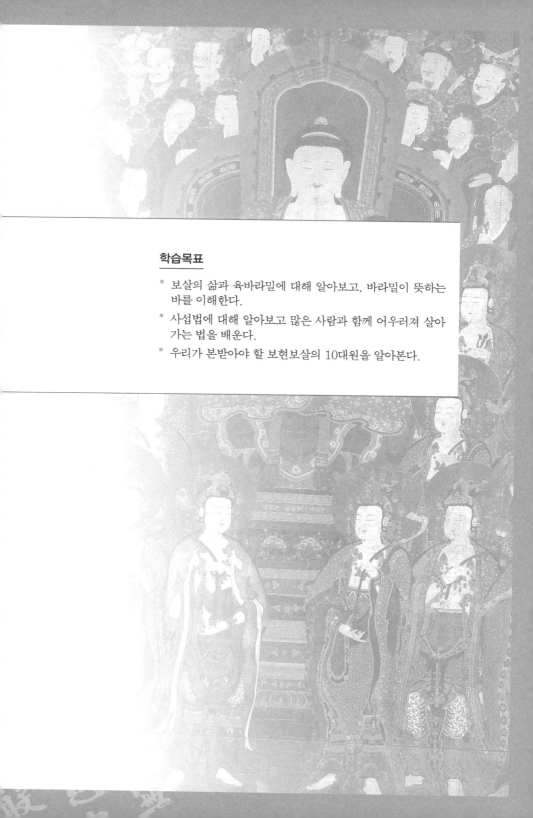

학습목표

* 보살의 삶과 육바라밀에 대해 알아보고, 바라밀이 뜻하는
  바를 이해한다.
* 사섭법에 대해 알아보고 많은 사람과 함께 어우러져 살아
  가는 법을 배운다.
* 우리가 본받아야 할 보현보살의 10대원을 알아본다.

01 보살의 삶

사람은 누구나 제각각의 이유로 불자가 된다. 특히 내 가정의 건강과 행복, 무병장수와 승진과 같은 바람을 이루기 위해, 또는 현실적인 고민거리를 해결하기 위해 불교의 문으로 들어서는 경우가 많다. 자신의 이익과 행복이 세상에서 가장 중요한 문제이기 때문이다.

하지만 꾸준하게 신앙생활을 하고 부처님 가르침에 젖어 들다 보면 어느 사이 자신의 행복만이 전부가 아니라는 사실을 알게 된다. 이웃과 사회가 절망과 고통에 빠져 있는데 자기만 즐거운 삶을 살아갈 수는 없기 때문이다. 그래서 자신의 이익과 행복을 바라는 동시에 다른 사람의 이익과 행복도 함께 추구하는 기도와 신앙생활로 나아가게 된다. 이것이 바로 자리이타(自利利他)의 삶이다.

이렇게 나와 남의 행복을 함께 추구하는 사람을 보살이라고 한다. 보살은 보리살타를 줄인 말로서, 지혜(보리)를 추구하는 중생(살타)이라는 뜻이다. 이러한 보살의 역할은, 위로는 깨달음을 구하고 아래로는 중생을 구제한다는 '상구보리 하화중생(上求菩提 下化衆生)'이라는 표현에서 잘 드러난다.

보살이란 말은 본래 석가모니 부처님이 성불하기 이전, 수행자로 살던 때를 가리킨다. 아주 오래전 수메다 행자는 연등 부처님에게서 장차 부처가 될 것이라는 예언을 들었다. 이런 예언을 수기(授記)라고 한다. 이후 수메다 행자는 오랜 세월 윤회를 거듭하면서 선행을 쌓아 왔으며, 자신을 돌보지 않고 이웃과 세상을 위해 자신을 기꺼이 희생하며 지내 왔기 때문에 보살이라고 부른다. 그렇게 이어 온 선행이 쌓이고 모여 보살은 마침내 성불하게 된 것이다.

따라서 위로는 깨달음을 구하고 아래로는 모든 생명체를 도와주는 삶을 살아가는 것이 부처의 삶을 사는 보살의 본분이라고 할 수 있다. 그렇다면 구체적으로 어떤 것을 실천하면서 살아가면 좋을지 알아보자.

02 / 육바라밀

위로는 깨달음을 구하고 아래로는 이웃과 세상의 이익, 행복을 추구하며 살아가기로 결심한 보살은 여섯 가지를 완성해야 한다. 이를 육바라밀(六波羅密)이라고 하는데, 바라밀이란 '완성된 것' 혹은 '완성으로 가는 길'이란 뜻이다. 즉 보시, 지계, 인욕, 정진, 선정, 반야라는 여섯 가지 수행을 완벽하게 실천하는 것을 말한다.

1) 보시바라밀

보시는 상대방이 필요로 하는 것을 아낌없이 베풀어 상대방을 기쁘게 함과 동시에 자신의 마음속에 깃든 인색함을 없애는 행위다.

> **바라밀**(波羅密)은 산스크리트 파라미타(pāramitā)를 음사한 말이다. '완성된 것' 혹은 '완성으로 가는 길'을 의미한다. 완성된 그곳을 '저 언덕'이라는 의미로 피안이라고 한다. 그래서 파라미타는 '생사를 벗어나 피안에 도착한다' 또는 '피안으로 가는 길'이라고 해서 도피안(到彼岸)이라고 의역되기도 한다.

그런데 보시를 할 때에도 반드시 지켜야 할 것이 있다. 나에게 필요 없는 물건을 나눠 주는 것도 보시이긴 하지만, 아무리 값진 것이라도 상대방이 필요로 하는 것을 기꺼이 주는 것이 바로 진정한 보시다.

그런데 보시바라밀은 여기서 한 걸음 더 나아간다. 자신이 상대방에게 무언가를 주었다는 생각조차 품지 않는 것이다. 주는 사람과 받는 사람, 그리고 주는 물건을 염두에 두지 않는 것이 보시바라밀이다.

『대지도론』에서는 보시에 대해 아주 흥미로운 이야기를 들려준다.

어느 집에 불이 났다. 집주인은 불을 끄려다가 이미 늦었음을 알아차렸다. 그래서 서둘러 집 안에 있던 값비싼 재물과 보석들을 끌어냈다. 집이야 어차피 타 버렸지만 재물만 있으면 다시 좋은 집을 지을 수 있기 때문이다. 그런데 이웃한 다른 집에서 또 불이 났다. 화마가 삼켜 버린 집을 보며 당황한 그 집의 주인은 불을 끄겠다며 계속 허둥대다가 집도 구하지 못했고, 집 안의 재물도 전혀 건져 내지 못했다.

이 이야기 속의 불난 집은 육신과 재물의 덧없음을 비유한다. 현명한 사람은 재물이란 덧없이 사라진다는 점을 잘 알고 대책을 세운다. 그래서 불타고 있는 집은 버려두고 값진 보석을 잘 챙긴다.

그 값진 보석으로 훗날 지금 불타고 있는 집보다 더 튼튼하고 멋진 집을 지을 수도 있기 때문이다. 이때 챙겨 나온 보물은 보시를 비유한다. 재물은 영원하지 않아 반드시 주인을 배신하고 떠나가지만 덧없는 재물을 영원한 것으로 만들 수 있는 방법이 바로 베풂(보시)이다. 게다가 상대가 원하는 것을 상대가 필요로 할 때 기쁜 마음으로 주고 난 뒤에도 생색을 내지 않는다면 보시를 통해 집착을 완전히 비워 내고, 수행의 완성으로 이어지게 된다.

보시에는 재물을 주는 것〔재시(財施)〕과 지혜의 말씀을 주는 것〔법시(法施)〕이 있다. 또한 사람과 동물 등 생명을 지닌 존재의 두려움을 없애 주는 것〔무외시(無畏施)〕도 보시다. 이 중에서 누구나 지금 당장이라도 할 수 있는 것이 재물을 주는 보시다. 특히 가난에 시달리는 이웃을 향해 온정을 베푸는 일은 결국 세상의 약자에게서 두려움을 없애 주는 궁극의 보시와 이어진다.

한편 재물을 주는 보시 외에도 재물 없이 할 수 있는 일곱 가지 보시가 있다. 무재칠시(無財七施)라고 하는 것인데, 경전에서는 무재칠시에 대해 다음과 같이 말한다.

부처님께서 말씀하셨다.

"일곱 가지 보시가 있으니, 재물을 손해 보지 않으면서도 큰 과보를 얻는다.

첫째는 눈의 보시니, 언제나 좋은 눈빛으로 부모·스승·사문·바라문을 대하는 것이다. 이렇게 좋은 눈빛으로 사람을 대하면 다음 생에 청정한 눈을 얻고, 훗날 부처가 되어서는 하늘의 눈이나 부처의 눈을 얻을 것이다.

둘째는 온화한 얼굴과 즐거운 낯빛의 보시니, 부모·스승·사문·바라문을 찌푸린 얼굴로 대하지 않는 것이다. 이렇게 온화한 얼굴과 즐거운 낯빛으로 사람을 대하면 그는 다음 생에 단정한 얼굴을 얻고, 훗날 부처가 되어서는 순금색의 몸을 갖게 될 것이다.

셋째는 말씨의 보시니, 부모·스승·사문·바라문에게 부드러운 말을 쓰고 추악한 말을 쓰지 않는 것이다. 이렇게 사람을 대하면 다음 생에 그는 뛰어난 말솜씨를 얻게 되며 그가 말을 하면 다른 사람들이 절대적으로 믿어 줄 것이다. 또한 훗날 부처가 되어서는 매우 뛰어난 말솜씨를 얻게 된다.

넷째는 몸의 보시니, 부모·스승·사문·바라문을 보면 일어나 맞이하고 예배하는 것이다. 이렇게 사람을 대하면 다음 생에 단정한 몸매를 얻게 될 것이다. 또한 훗날 부처가 되어서는 그 몸이 매우 장대할 것이다.

다섯째는 마음의 보시니, 위와 같은 일로 사람들을 공양하더라도 마음이 온화하거나 착하지 못하면 보시라고 할 수 없다. 착하고 온화한 마음으로 정성껏 공양하는 것이 마음의 보시니 이렇게 사람을 대하면 다음 생에 밝고 분명한 마음을 얻어 어리석지 않을 것이요, 훗날 부처가 되어서는 모든 것을 환히 꿰뚫어 아는 지혜를 얻을 것이다.

여섯째는 자리의 보시니, 부모·스승·사문·바라문을 보면 자리를 펴서 앉게 하고, 나아가서는 자기가 앉는 자리에 앉게 하는 것이다. 이렇게 사람을 대하면 그는 다음 생에 언제나 칠보로 꾸며진 귀한 자리를 얻을 것이며, 훗날 부처가 되어서는 사자좌를 얻을 것이다. 일곱째는 방이나 집의 보시니, 부모·스승·사문·바라문이 자신의 집안에서 마음 편히 머물게 하는 것이다. 이렇게 사람을 대하면 그는 다음 생에 커다란 집에서 살 수 있으며, 훗날 부처가 되어서도 어느 곳에서나 훌륭한 선실(禪室)을 얻을 것이다."

– 『잡보장경』

자신의 행복을 위해서 가장 쉽게 할 수 있는 선업이 보시다. 마음의 인색함을 없애 주는 수행을 할 수 있을 뿐만 아니라 이웃에게 안락함을 나눠 줄 수 있다는 장점이 있다. 어떤 수행을 할지 망설이고 있다면 가장 먼저 보시에 뜻을 두기를 권한다. 그 마음이 가볍고 맑아질 것이다.

2) 지계바라밀

불교에서는 무엇을 하든지 가장 먼저 계를 지킬 것을 권한다. 계는 마음이 언제나 선을 향하고 악을 멈추도록 길들이는 역할을 한다. 일상에서 그릇된 행동을 멈추면 마음이 즐겁고 깨끗해져 살아가는 것이 행복해진다.

여기서 그릇된 행동이란 남의 생명을 함부로 빼앗는 일, 주어지지 않은 것을 갖는 일, 그릇된 이성관계를 갖는 일, 거짓말을 하는 일, 정신을 흐리게 만드는 술이나 음료에 빠지는 일 등 몸과 입과 뜻으로 짓는 옳지 않은 행위를 말한다. 이와 같은 그릇된 행동을 멈추고 자신을 잘 단속하면 마음이 건강해지고 바깥의 유혹에 흔들리지 않는다. 그렇게 되면 쉽게 바른 것에 집중할 수 있게 되고, 결국 선정에 이르게 된다. 계는 선정으로, 그리고 선정은 지혜로 이끈다. 그래서 불교에서는 계학(戒學)·정학(定學)·혜학(慧學)의 삼학(三學)을 가장 중요하게 여긴다. 삼학을 익히면 탐욕〔貪〕·분노〔瞋〕·어리석음〔癡〕의 삼독(三毒)을 끊을 수 있게 된다. 계를 지킴으로써 우리 육신의 탐욕을 잠재우고, 분노는 마음을 가라앉히는 선정으로 다스리며, '나'를 앞세우는 어리석음은 지혜로 다스린다.

이처럼 계를 지키면 자신에게 매우 이롭다. 하지만 계를 지키려고 자신에게 너무 가혹해지거나 주변 사람들을 힘들게 한다면 행복과 자유를 얻기 위한 지계의 삶은 빛이 바랜다.

이웃의 행복을 먼저 추구하는 보살은 계를 지키는 자신의 삶이 이웃을 위한 연민과 그들을 도우려는 마음에서 출발한다는 것을 염두에 두고 있다. 자신의 행복을 위해 계를 지키는 것에서 한 걸음 더 나아가 다른 생명을 보호하기 위해 계를 지키는 차원으로까지 나아가는 것이 지계바라밀이다.

3) 인욕바라밀

인욕은 참고 견딘다는 뜻이다. 세상은 너그럽게 살아가기 쉽지 않아 끝없는 인내를 요구한다. 우리가 사는 세상을 끝없이 참아 내야 하는 땅이라는 뜻의 사바세계라고 부르는 게 바로 이 때문이다. 그래서 진정한 신앙인은 잘 참아 내야 한다. 참아 낸다는 것은 남이 내게 가하는 모욕을 견디는 것이다. 하지만 그것뿐일까? 『대지도론』 제14권에서는 "우리에게는 두 종류의 사람이 찾아온다. 첫째는 나를 칭찬하고 좋아하고 존경하고 공양하려고 찾아오는 사람이요, 둘째는 나를 비난하고 꾸짖고 화내고 욕하고 심지어 때리려고 찾아오는 사람이다."라고 했다. 심지어 나를 칭찬하는 말은 부드러운 도둑이라고까지 말한다. 이 말은 칭찬에도 흔들리지 않고 담담히 견뎌 내야 비난에도 흔들리지 않게 된다는 뜻을 담고 있다.

그렇다면 무엇을 참는 것이 인욕일까? 첫째는 세상의 공경과 칭찬에 연연하지 않는 것이요, 둘째는 세상의 모욕이나 비방을 담담하게 넘기는 것이며, 셋째는 살면서 찾아오는 실제적인 고통, 즉 추위나 더위, 굶주림이나 궁핍 등을 견뎌 내는 것이고, 넷째는 훌륭한 가르침을 듣고 믿으면서 게으름을 피우지 않고 꿋꿋하게 수행을 해 나가는 것이다.

이때 잘 참고 견딘다는 것은 마음이 목석같아져야 한다는 뜻이 아니라 자신에게 해를 끼치는 사람의 입장에서 생각하며 보살의 마음으로 이루어져야 한다는 뜻이다. 사람은 누구나 자신이 행복

사바세계(娑婆世界)란 산스크리트 사하 로카 다투(sahā-loka-dhātu)를 음역한 말로, '끝없이 참아 내는 세상'이라는 뜻이다. 그래서 감인토(堪忍土)라고 의역되기도 한다.

하기를 원하고 힘든 것은 피하려는 속성을 지니고 있음을 알고, 나를 괴롭히는 저 사람도 지금을 살아 내기 위해 옳지 않은 행위를 한다는 사실에 측은함을 품는 것이다.

하지만 무조건 참고 견뎌야 한다며 억지로 해서는 안 된다. 억지로 참으면 화병이 생기기 마련이고, 언젠가는 결국 폭발하게 된다. 참되 깊이 인식하고 용서하며 수용해야 마음에 응어리가 남지 않는다. 그러기 위해서는 수행이 몸에 배어야 한다.

요즘 욱하고 밀려오는 화를 참지 못해 살인이라는 극단적인 일이 벌어지는 경우가 종종 있다. 화가 난다고 해서 바로 맞대응하면 오히려 휘발유를 끼얹는 격이니 화가 가라앉을 때까지 조용히 심호흡을 하며 마음을 가다듬어 보라.

4) 정진바라밀

정진은 뜻하는 바를 이루기 위해 쉬지 않고 부지런히, 그리고 용감하게 앞으로 나아가는 것이다. 착하고 옳은 삶을 살겠다고 뜻을 세우고는 며칠이 지나 그 마음이 식어 버리고 다시 예전의 행동으로 돌아가서는 안 된다. 자신의 삶은 자신의 것이요, 아무도 자신의 선행과 수행을 대신해 주지 못하기 때문이다.『대지도론』제15권에서는 처음에 무엇을 하겠다는 뜻을 일으키기〔欲〕, 부지런히 앞으로 나아가기〔精進〕, 머뭇거리거나 머물지 않도록 스스로를 자꾸 격려하기〔不放逸〕의 세 가지가 다 정진에 들어간다고 말한다.

목마른 사람은 쉬지 않고 우물을 파야 감로수를 만날 수 있다.

자신이 현재 목마르지 않더라도 기갈에 시달리는 생명체가 있음을 늘 염두에 두고 이웃과 세상의 행복을 위해 선행과 보살행을 용감하게 이어가는 것이 정진바라밀이다.

5) 선정바라밀

선정은 우리의 마음을 조용하게 가라앉혀 한곳에 집중하게 해 주는 수행이다. 사람의 마음은 종종 나뭇가지를 붙잡고 노니는 원숭이에 비유된다. 한 나뭇가지를 잡고 노닐던 원숭이가 그 손을 놓는 순간 바로 다른 나뭇가지를 잡듯이 마음은 단 한 순간도 진득하게 머물러 있지 못하고 쉴 새 없이 대상을 찾아 헤맨다. 세상에는 우리의 오감을 자극하고 한 번 맛들인 것에 끊임없이 집착하게 만드는 것들로 가득 차 있다. 따라서 눈, 귀, 코, 혀, 몸, 뜻의 여섯 가지 감각기관에 보초를 세우듯 늘 진지하게 자신을 단속하며 언제나 바깥의 대상이 아닌, 자신이 진정으로 추구하는 가치를 향해 마음을 집중할 수 있어야 한다.

또한 우리 마음에는 언제나 탐욕과 성냄, 무기력과 흥분, 의심이라는 다섯 가지 덮개가 씌워져 있다. 이런 다섯 가지 덮개로 인해 마음의 평화를 갖지 못하고 늘 불안과 초조에 시달리며 바깥세상에서 위안거리를 찾게 된다. 따라서 평소 이러한 번뇌가 마음을 덮고 있지는 않은지 늘 살펴야 한다.

그렇게 되기 위해 조금이라도 틈을 내어 조용한 산사나 선방을 찾아가기를 권한다. 그럴 여유가 없다면 잠깐이라도 휴대폰이나 컴퓨터 등의 전자기기를 멀리하고 온전하게 자신을 고요함 속에 내려놓아도 좋다. 바깥과 소통하지 않으면 자신이 세상에서 잊힌 것만 같아 불안하다고 여기는 현대인들은 바깥세상에 이끌려 다니는 노예와 같은 삶을 살기 쉽다. 자기 삶의 진짜 주인으로서 서기 위해 잠시 혼자만의 집중 시간을 갖기를 권한다.

하지만 참다운 선정은 조용한 산사에서만이 아니라 번잡한 세속에서도 이뤄질 수 있다. 시끄러운 세속에서도 자신의 마음이 어지러워지거나 바깥 대상에 이끌리지 않도록 늘 진지하게 살피는 것이 선정바라밀이다.

6) 반야바라밀

우리는 나와 세상이 영원하며 변하지 않는다고 착각을 하면서 살아가지만 이 세상에 존재하는 모든 것에는 고정불변하고 영원한 실체가 없다. 아무리 긴 막대기라도 그보다 긴 막대기에 비하면 짧고, 아무리 짧은 막대기라도 그보다 짧은 막대기에 비하면 길다. 모든 판단과 앎도 조건이나 입장에 따라 달라진다. 모든 것은 그것이 생겨나게 한 조건들이 쌓이고 모여서 어떤 이름으로 불리며 존재할 뿐이다. 이처럼 세상에는 고정불변한 실체가 없음(무자성, 空)을 꿰뚫어 아는 지혜가 바로 반야(般若)다.

반야의 지혜는 인간의 편견에서 철저히 떠나 공평무사하게 골고루 비추고 적셔 준다. 어디에도 머무르지 않으며, 고정된 생각이나 상(相)에서 벗어나 있다. 이러한 반야의 지혜에 입각해서 보시했을 때는 내가 보시했다고 하는 생각에서도 떠나 있다. 그래서 그러한 보시는 천상에 태어나는 것보다 더 뛰어난 해탈을 실천하는 것이 된다. 이는 깨달음의 실천이요 이 세상에서 보살 또는 부처로 사는 길이기도 하다.

그래서 지혜의 향기는 아주 멀리까지 전해진다. 마치 만리향의 그윽한 내음이 바람을 타고 먼 곳까지 전해지듯, 지혜로운 사람의 향기는 나와 이웃, 그리고 온 세계를 맑게 정화한다.

이 육바라밀에 방편(方便), 원(願), 역(力), 지(智)의 네 가지 바라밀을 더해서 십바라밀(十波羅蜜)이라 한다.

방편이란 상황에 맞게 뭇 생명을 열반으로 이끄는 방책과 수단이다. 원이란 뭇 생명에게 이익을 주려는 자발적이고 순수한 의지이며, 역이란 그런 원을 행동으로 전개하는 힘을 말한다. 지는 지혜의 바탕 위에 전개되는 구체적인 지식이다. 보살은 이 세상의 여러 가지 지식을 습득하여 그것을 지혜롭게 적재적소에 잘 활용하면서 중생제도를 위해 발원하고 실천하는 사람이다.

03 사람들을 포용하는 방법

1) 사섭법

사람은 태어나는 순간부터 가족이라는 공동체 안에 속한다. 그리고 삶을 마칠 때까지 크고 작은 공동체를 떠날 수가 없으며, 숱한 사람들과 관계를 맺고 살아간다. 그래서 사람들과의 관계가 진실하고 매끄럽지 못하면 살아가기가 힘들다.

경전에서는 사람들과의 관계를 잘 이어갈 수 있는 방법으로 사섭법(四攝法)을 든다. 사섭법이란 대중을 포용, 포섭하는 네 가지 법을 말한다.

첫째는 베풀기로 대중을 포용하는 보시섭(布施攝)이다. 공동체를 이루고 살아가는 사람은 늘 구성원을 가족처럼 생각해야 한다. 그래서 자신이 얻은 것을 아낌없이 나누고, 나아가 다른 사람이 원하는 것을 즐거운 마음으로 주어야 한다. 곳간에서 인심이 난다는 옛말이 있듯이 아낌없이 베풀고 나누는 사람에게 이웃이 믿고 의지하는 것은 당연하다.

둘째는 부드럽고 사랑스러운 말을 건네면서 대중을 인도하는 애어섭(愛語攝)이다. 아무리 물질적으로 많이 베푼다 하더라도 건네는 말이 부드럽지 않으면 소용이 없다. 말은 힘이 드는 것도 아니고 아무때나 할 수 있기 때문에 상대방의 입장을 헤아리지 않고 할 때도 많다. 그래서 말 한 마디가 상대에게 깊은 상처를 남기기도 하고, 말 한 마디로 천 냥 빚을 갚기도 한다. 부드러운 어조로 애정을 담은 표현을 써서 말을 한다면 상대방이 마음을 열고 다가올 것이다.

셋째는 대중에게 이로움을 안겨 주는 이행섭(利行攝)이다. 이웃과 사회의 행복이 내 행복과 직결된다는 생각으로 자기 이익보다 공동체 구성원들의 이익을 먼저 챙긴다면, 구성원들은 강하게 결속될 수밖에 없다.

넷째는 대중과 함께하면서 어우러지는 동사섭(同事攝)이다. 대중이 원하는 일을 함께 하고, 대중이 하는 일을 함께 하며, 이익을 함께 나누는 일, 나아가 자기 입장만 생각하기보다는 상대방의 입장에 서 보는 일이다. 상대방이 무엇을 원하는지를 가장 정확하게 알 수 있고, 상대를 위해 무엇을 할 수 있는지도 제대로 알게 된다. 그 입장에 서서 상대를 위해 일을 한다면 대중은 어느 사이 자신의 편이 될 것이다.

자신의 것을 기꺼이 나누고, 부드럽고 다정하며 진심이 담긴 말을 건네며, 상대에게 이로운 방향으로 행동하고 나아가 상대방과 같은 입장에 서서 일을 한다면 그가 속한 공동체는 단단해질 것이다. 그리고 이런 가운데 세속에서의 그의 삶은 더욱 행복하고 즐거워질 것이다.

2) 사무량심

불자가 되는 것은 부처님처럼 되고, 부처님처럼 살겠다고 다짐하며, 말이나 행동, 마음이 부처님을 닮도록 노력하는 것이다. 이 중에서도 특히 세상과 이웃을 부처님 마음으로 대하는 것이 가장 중요하다. 그것이 바로 내가 부처로 사는 길이기도 하다.

부처님의 마음은 자애와 연민, 기쁨과 담담함의 네 가지로 가득 차 있다. 이 네 가지 마음은 가득하고 한량이 없기 때문에 사무량심(四無量心)이라고 한다.

사무량심 가운데 첫 번째는 자무량심(慈無量心)이다. 자(慈)는 자애(慈愛)를 말하며 사랑, 우정을 뜻한다. 이웃과 세상을 우정 어린 마음, 사랑이 가득 넘치는 마음으로 대하는 것이 자애다.

두 번째는 비무량심(悲無量心)이다. 비(悲)는 연민, 즉 슬퍼하는 마음이다. 이웃과 세상이 힘든 지경에 놓여 있음을 보고, 마음 가득 슬픔을 품는 것이다. 나아가 고통이 가득한 사바세계에 놓였으면서도 어떻게든 현명하게 헤쳐 나갈 생각을 하지 않고 윤회를 반복하는 중생에 대한 커다란 연민이기도 하다.

세 번째는 희무량심(喜無量心)이다. 희(喜)는 기쁨, 말 그대로 즐거움이다. 이웃이 행복해 하는 모습을 보고 함께 기뻐하고, 괴로워하는 이웃들에게 즐거움을 안겨 주어 그들이 기뻐하는 모습을 보고 함께 좋아하는 마음이다.

네 번째는 사무량심(捨無量心)이다. 사(捨)는 평정심을 뜻한다.
'나'라는 입장과 견해를 떠나 치우침 없이 평정심을 잘 유지하는 것
이다. 한없이 따뜻한 사랑과 깊은 슬픔, 기쁨의 마음으로 세상을
대하면서도 스스로는 그 마음에 휘둘리지 않고 담담하게 평정을
유지한다.

이와 같은 네 가지 마음을 넓고 크고 다함없이 품고서 세상을

석굴암 11면관음보살상
정면 본 얼굴 위에 11면의 얼굴을 가지
고 있는 관음보살상. 11면의 얼굴은 일
체중생을 향해 대자대비의 마음을 품고
있는 관세음보살의 특성을 구체적으로
형상화한 것이다.

대해야 하는데, 이때 유념해야 할 점이 있다. 대상에 따라 차별하는 마음을 가져서는 안 된다는 것이다. 또한 무작정 온 세상을 향해 자비희사의 마음을 품기보다는 가장 먼저 자신을 향해, 나아가 가족과 이웃, 친지와 친척, 온 세상으로 그 범위를 천천히 넓혀 가야 한다. 원한을 품고 있는 사람에게까지 섣불리 자비심을 품기보다는 천천히 자연스럽게 대상을 넓혀 나가다 보면 결국 나와 상관없어 보이는 먼 세계의 모든 사람들, 그리고 동물과 식물에까지 한없는 자비심을 품게 될 것이다. 이것이 바로 부처님 마음으로 사는 길이다.

04

보현행원
보살로 살아가려는 자의
열 가지 서원

어떻게 사는 것이 진정 행복하게 사는 길일까? 귀를 기울여 꾸준히 부처님의 가르침을 듣고 자신의 일상에서 실천해 보면서 자신의 변화를 살펴야 진정 행복한 삶에 이를 수 있다. 법문의 내용은 좋지만 막상 그렇게 살아 보려면 쉽지가 않다. 이럴 때면 포기하려는 마음이 일어나기 쉽다. 하지만 바로 이 순간이 수행할 수 있는 시점이라는 것을 알아차려야 한다.

왜 부처님 말씀대로 살아가기가 어려울까? 왜 양보하고 배려하고 자비심을 품으려니 자꾸 억울하다는 생각만 드는 걸까? 나는 선한 마음으로 다가가는데 왜 상대방은 나를 무시하고 비난하려고 드는 걸까?

이런 생각이 들 때마다 그 생각 하나하나를 숙제로 삼아야 한다. 불교에 입문한 사람들에게는 바로 이런 의문이 오히려 좋은 공부가 될 수 있기 때문이다. 자신에게 불보살님의 가피가 찾아오지 않고, 번뇌가 빨리 사라지지 않는다고 해서 실망할 필요는 없다. 석가모니 부처님도 헤아릴 수 없이 오랜 세월 동안 윤회를 거듭하면서 선행을 쌓아오지 않았던가?

그러므로 인생 자체가 부처의 길이라는 생각으로 조금 느긋하게 임할 필요가 있다. 만나는 사람마다 내가 정신적으로 성숙해지도록 가르침을 주는 스승이라고 생각을 하고, 나를 힘들게 하는 상황과 맞닥뜨리면 내 사고가 깊어질 수 있는 절호의 기회라고 생각하는 것은 어떨까?

그렇게 인생에 도움이 될 만한 지혜를 나눠 주는 이를 선지식(善知識)이라고 한다. 불교에서는 선지식을 찾아 길을 떠나는 대표적인 사람으로 선재동자를 든다. 아직 한창 나이의 젊은이인 선재동자는 어떻게 하면 모든 번뇌를 다 끊어 버리고 부처님처럼 될 수 있을지를 늘 궁금해 했다. 그래서 53명이나 되는 선지식을 찾아다니며 가르침을 들었는데 그 내용이 바로 『화엄경』「입법계품」에 담겨 있다.

53명의 선지식을 찾아다니던 선재동자가 마지막으로 찾아간 이가 보현보살마하살이었는데, 보현보살은 선재동자에게 열 가지를 꼭 실천하라고 당부한다. 그 열 가지 내용은 『화엄경』「보현행원품」에 일목요연하게 담겨 있다. 「보현행원품」에서 그 열 가지 내용을 알아보면 다음과 같다.

첫째, 언제 어디서나 부처님에게 절을 올리고 공경하리다〔禮敬諸佛願〕.

보현보살은 온 세상에 빼곡하게 부처님들이 계신다는 생각으로

수월관음도
(고려 시대, 일본 가가미진자 소장)
『화엄경』 「입법계품」 중 선재동자가 관음보
살을 찾아가 가르침을 받는 장면을 형상화
한 그림. 오른쪽 아래에 선재동자가 합장
하고 관음보살을 우러러 보는 자세로 묘사
되어 있다.

늘 공손하고 정중하게 절을 할 것을 권하였다. 혼자 있을 때라도
곁에 부처님이 계신다는 생각으로 몸가짐과 마음가짐을 삼가며,
그릇된 행동을 하는 사람이나 내 맘에 들지 않는 사람이라도 역시
소중한 생명체이며 내 지혜를 성숙시켜 줄 선지식이라는 생각을
지녀야 한다.

둘째, 부처님이 쌓아 온 공덕을 찬탄하리다〔稱讚如來願〕.

인류의 스승인 부처님이 어떤 선하고 바른 일을 해 오셨는지를
잘 알고, 그것을 기쁜 마음으로 찬탄해야 한다. 다른 이의 선행과

공덕을 찬탄하는 것만으로도 자신의 마음이 밝고 가벼워지며, 세상에 대해 좀 더 긍정적인 생각을 품고 적극적으로 살아가게 된다.

셋째, 모든 부처님께 두루 공양 올리오리다〔廣修供養願〕.

공양을 올린다는 말은 상대방을 존경하여 자신이 가진 귀한 것을 지극히 기쁜 마음으로 선물해 올린다는 뜻이다. 부처님의 공덕을 말과 마음으로 찬탄하는 것에서 멈추지 않고 행동으로 기리는 일이다. 절에서는 육법공양(六法供養)이라고 해서 불보살님께 여섯 가지 공양물을 올린다. 이 여섯 가지 공양물이란 향, 등, 꽃, 과일, 차, 쌀을 말한다. 이렇게 공양물을 올리는 것을 재공양(財供養)이라고 한다.

불자들은 부처님을 존경하는 마음으로 여섯 가지 공양물을 올리지만, 정작 부처님이 원하는 공양은 따로 있다. 바로 법공양(法供養)이다. 법공양은 지혜롭게 생활하며, 법문의 내용대로 실천하고, 이웃을 위해 나누고 배려하며 함께 선업을 짓는 것 등을 가리킨다. 「보현행원품」에서는 법공양의 공덕이 재공양의 공덕보다 더 크다고 밝히고 있다.

넷째, 제가 지은 모든 악업과 업장을 참회하리다〔懺除業障願〕.

지극한 마음으로 공양을 올린 뒤에는 자신의 마음을 살펴야 한다. 마음속에 번뇌가 가득 차 있으면 아무리 좋은 가르침을 들어도 소용이 없다. 좋은 법문을 듣고 그 가르침을 담기 위해서는 마음에 쌓여 있는 업장을 비워 내야 한다. 그래서 참회가 필요하다. 참회는 지금까지 지어 온 악업을 진심으로 뉘우침과 동시에 다시는 같은 잘못을 반복하지 않겠다고 다짐하며, 이를 통해 죄의식에서 자유로워져 새로운 사람으로 거듭나는 일이다.

다섯째, 다른 이가 지은 공덕을 함께 기뻐하리다〔隨喜功德願〕.

부처님뿐만 아니라 세상의 온갖 생명체가 애써 지은 선업을 하나하나 알아내서 그것을 자기가 지은 선행인 양 기뻐하는 일이다. 그렇게 되면 마음에서 그늘이 사라지고 가뿐해져 밝고 올바른 일을 하며 인생을 개척해 나가겠다는 의지가 생길 것이다.

여섯째, 불보살님께 설법하여 주실 것을 청하오리다〔請轉法輪願〕.

이제 본격적으로 법문을 들을 순서다. 지금 석가모니 부처님은 완전한 열반에 들어 법신(法身)으로 계시지만, 그 가르침은 경전으로 전해지고 있다. 또한 각 사찰에서 열리는 법회에서도 부처님의 가르침은 스님들의 법문으로 전해진다. 그 법문을 듣기 위해 달려가야 하며, 법문을 들려주실 것을 요청해야 한다.

일곱째, 부처님이 세상에 오래 머물러 주실 것을 청하오리다〔請佛世住願〕.

우리 마음속에 가득 차 있는 욕심과 성냄과 어리석음을 없애 주고 불보살의 마음으로 살아갈 수 있도록 용기를 북돋워 주는 것이 부처님의 가르침이다. 따라서 부처님이 늘 곁에 머무시며 괴롭고 외로운 자신을 격려해 주실 것을 간절히 바라야 한다. 그 바람은 자신이 앞으로도 꿋꿋하고 밝게 살아가겠다는 다짐의 다른 표현이기도 하다.

여덟째, 언제나 부처님처럼 행동하고 부처님을 배우오리다〔常修佛學願〕.

언제까지나 불보살님을 찬탄하기만 할 것이 아니라 부처님이 어떤 선업을 쌓고 어떻게 수행하셨으며 이웃을 위해 어떻게 살아가셨는지를 차분히 알아가야 한다. 그리고 그런 모습을 하나하나 따라 해야 한다. 부처님처럼 행동하고 부처님처럼 말하고 부처님처럼 마음을 먹는 일은 우리를 인생의 진짜 주인공으로 거듭나게 해줄 것이다.

아홉째, 언제나 이웃을 위해 일하고, 이웃과 함께하리다〔恒順衆生願〕.

그동안 부처님을 향한 간절한 마음을 품고 수행했다면 이제는 내 이웃을 향해 품을 활짝 열어야 한다. 아직 욕심과 성냄과 어리석음을 벗지 못한 이웃을 비웃거나 피하지 않고, 이웃의 삶 속으로 기꺼이 뛰어 들어가 그들을 위해 함께 일하고 그들이 원하는 대로 해 주는 보살심을 품는 것이다. 내가 이토록 간절히 기도하고 수행하는 것은 나와 이웃과 세상이 함께 행복해지기 위함이었음을 잊지 않고, 이웃을 배척하기보다는 따뜻하게 품으며 그들을 위해 살아가는 것이 보살의 삶이다.

열째, 모든 공덕을 세상을 향해 회향하리다〔普皆廻向願〕.

처음에는 내 자신의 번민을 이기지 못해 부처님 가르침으로 뛰어들었지만 이제는 세상의 고통을 나눠 짊어지는 수행자가 되었다. 이웃을 위해 살아가는 것이 내 공부라는 생각으로 지내면서 선업의 공덕을 쌓았다면, 그리고 그로 인해 내가 한결 성숙한 사람이 되었다면 이는 전부 이웃 덕분이다. 세상이 있어 내 공부가 깊어지고 행복해졌음을 알고 그 공을 이웃에게 돌리는 것이 보살이 품어야 할 열 번째 마음가짐이다. 부처님은 보리수 아래에서 깨달음을 얻은 뒤 세상으로 뛰어드셨다. 성불의 공덕을 세상에 돌리고 그 기쁨을 함께 나누기 위함이었다. 한 사람의 성인은 이렇게 이웃과 사회에 기쁨을 주고 세상을 고통과 악에서 구제한다.

보현보살이 선재동자에게 들려준 열 가지 실천 덕목(행원)을 따라서 실천한다면 우리도 어느 사이 부처님의 경지에 한결 다가서게 된다. 그러면 내가 이미 부처님이었고, 앞으로도 부처님으로 살아갈 것이라고 확인하게 될 것이다.

05
사홍서원
네 가지 넓고도
큰 서원

부처님 마음으로 살고 싶다는 바람을 품는 것이 원(願)이다. 구체적으로 말해서 원은 현실에서 느끼는 절망, 결핍, 부재, 고통을 넘어서게 하고 더 나은 세계를 지향하도록 하는 마음가짐이다. 또한 행복하고 평화롭게 살고자 하는 간절하고 힘찬 희구이기도 하다. 그리고 원은 그렇게 되기 위해 기다리거나 관망하지 않고 스스로 노력하여 변화해 가는 주체적인 몸짓이다. 그래서 원을 원력(願力) 이라고도 한다. 원하고 행하는 것만큼 나도 변하고 대상도 그에 따라 변하기 마련이다. 그래서 불자들이 원력을 지니는 게 신행의 중요한 출발점이 된다.

사람들은 누구나 욕망을 지니고 있는데, 욕망 자체가 나쁜 것은 아니다. 욕망이 바로 삶의 에너지요 활력이기 때문이다. 하지만 이 욕망은 어떻게 관리하고 쓰느냐에 따라 탐욕으로 변하기도 하고, 원력으로 변하기도 한다. 그렇다면 탐욕과 원력은 어떤 차이가 있는가? 탐욕이 자신의 욕심을 채우는 이기적인 소유 의식에 치우치는 것이라면, 원력은 현재의 고통에서 벗어나 행복하고 자유롭게 살고자 하는 바람이며 마음을 살찌우는 양약과 같다. 아울러 원력은 나 자신만이 아니라 이웃과 더불어 행복하고, 전체를 살리는 힘찬 발걸음이다.

불교 의식을 마무리할 때면 언제나 사홍서원(四弘誓願)을 한다. 사홍서원은 '네 가지 넓은 서원'이라는 뜻으로, 절에 다니면서 부처님 말씀을 가슴에 새기고 수행하고 기도하는 이유가 바로 이 네 가지 바람을 이루기 위한 것임을 밝히고 있다.

중생을 다 건지오리다. [衆生無邊誓願度]
번뇌를 다 끊으오리다. [煩惱無盡誓願斷]
법문을 다 배우오리다. [法門無量誓願學]
불도를 다 이루오리다. [佛道無上誓願成]

이 네 가지 바람 중에서 가장 먼저 등장하는 것이 중생을 구제하겠다는 맹세다. 불교의 세계에 막 첫발을 내디딘 사람 중에는 자신의 평안과 자기 구제가 급선무여서 중생을 건지겠다는 첫 번째 서원이 마음에 와 닿지 않는다고 고백하는 이들도 있다. 하지만 나는 세상의 일부이고, 세상은 나라고 하는 존재가 있어서 완전하다. 내가 있어 세상이 존재하고 세상이 존재하니 내가 있는 것이다. 나로 인해 세상이 더욱 환히 빛나고 즐거운 곳이 될 수 있다. 또 나로 인해 세상이 어둡고 힘든 곳이 될 수 있다. 세상과 이웃이 나를 힘들게 하기도 하지만, 나는 세상을 떠나서 살 수 없다. 이웃과 세상이 편하고 행복해야 내가 행복하다는 것을 잊지 말고, 진정 내 마음속 번민과 괴로움을 해결하고 싶다면 조금만 눈을 크게 뜨고 세상을 바라보자. 그 힘이 우리를 살게 해 주고, 완전한 행복을 얻게 해 준다.

사홍서원의 두 번째는 삶 속에서 쉼 없이 일어나는 번뇌를 끊겠다는 다짐이요, 세 번째는 진리의 길로 들어서게 해 주는 부처님 말씀을 배우겠다는 맹세다. 마지막으로 불도를 이룬다는 것은 깨달음을 이루어 깨달음을 실천하는 삶을 살겠다는 다짐이다. 그런데 왜 다 끊고, 다 배우고, 다 이룬다고 했을까? 그것은 '나'라는 존재가 세계의 무수한 존재와 서로 관계를 맺고 있기 때문이고, 그 관계가 끊임없이 전개되기 때문이다. 보살은 그 전체를 살리는 삶으로 나아가기 때문에 '다' 내지는 '모두'라고 표현한다. 그래서 사홍서원은 모든 보살의 아주 큰 서원인 것이다.

불자들은 이러한 사홍서원 외에도 별원으로 자신이 바라는 원을 세워서 실천하기를 권한다. 나를 위한 원, 가족을 위한 원, 사회를 위한 원 등 구체적으로 세워 놓고 실천하면 실천한 만큼 나도 변하고 세상도 변하게 된다.

실천과제

• 인간관계 속에서 사섭법을 실천하고 이를 생활화하고자 노력을 기울여 본다. 그리고 그로 인한 내 마음의 변화를 느껴 보자.
• 사무량심을 실천하여 부처님처럼 살아가는 마음을 느껴 보고 서로 이야기해 보자.
• 보현보살의 10대원 중 한 가지 이상을 생활 속에서 실천해 보고 어떤 생각이 들었는지 도반들끼리 의견을 나누어 보는 시간을 갖는다.

8장

왜 예불을 드리고
법회에 참석해야 하나

예불과 법회의 의미와 가치

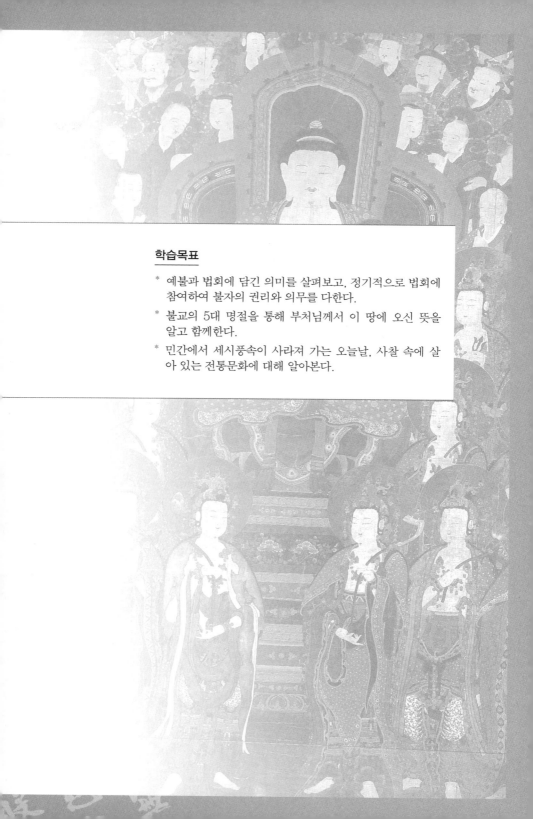

학습목표

* 예불과 법회에 담긴 의미를 살펴보고, 정기적으로 법회에 참여하여 불자의 권리와 의무를 다한다.
* 불교의 5대 명절을 통해 부처님께서 이 땅에 오신 뜻을 알고 함께한다.
* 민간에서 세시풍속이 사라져 가는 오늘날, 사찰 속에 살아 있는 전통문화에 대해 알아본다.

01

매일같이
불보살님을 생각하며
정성을 다하다

"거룩하십니다, 부처님이시여. 넘어진 것을 일으켜 세우듯이, 가려져 있는 것을 나타나게 하듯이, 방황하는 자에게 길을 안내하는 것과 같이, 어둠 속에서 등불을 갖게 하고, 눈 있는 자에게는 보라는 듯이, 이와 같이 부처님께서는 여러 가지 방편을 가지고 진리를 나타내 보이십니다. 저는 부처님과 거룩한 가르침과 스님들께 귀의하여 받들 겠습니다."

– 『대반열반경』, 「춘다품」

삼사(三事)라는 말이 있다. 절 생활에서 가장 기본적인 예불(禮佛), 공양(供養), 울력 세 가지 일을 말한다. 예불은 부처님께 예를 올리는 것이고, 공양은 식사하는 것, 울력은 대중이 함께 일하는 것을 말한다. 이러한 기본적인 일상을 중심으로 사찰의 하루가 흘러간다.

사찰의 하루는 "밤이면 밤마다 부처님을 안고 자고, 새벽이면 새벽마다 부처님을 안고 일어난다."고 할 만큼, 모든 순간 부처님과 함께하고 깨달음을 얻고자 한다. 그런 마음이 간절하기에 매일 같이 불·법·승 삼보님께 예를 올린다.

일상을 신행 생활로 이끌어 나가기 위한 실천 방법 중의 하나가 늘 불보살님을 생각하는 것이다. 특히 아침에 눈을 뜨자마자 불보살님을 생각[念]하며 오늘도 힘차고 밝게 생활할 것을 발원하고, 하루를 마치고 잠자리에 들기 전에도 오늘 하루를 보람 있게 보낸 것에 대해 불보살님을 생각하며 감사드리는 일은 신행 생활을 더욱 원만하게 한다.

발원하고 감사하는 대상이 석가모니 부처님이나 관세음보살님 같은 불보살님이어도 좋고, 자신을 포함한 모든 이웃이어도 좋다. 짧은 순간이라도 늘 부처님을 생각하고 이웃을 생각하는 여유를 가지는 것이 바로 불자로서의 삶을 원만하게 하는 첫걸음이다.

1) 예불, 불보살님께 예배드리다

예불(禮佛)은 '부처님께 예배를 드리다'란 뜻으로, 불교 신행의 가장 근본이며, 진리를 베푸는 불보살님과 직접 만나는 경건하고 장엄한 의식이다. 예(禮)는 '공경하다'란 뜻이며, 배(拜)는 '굴복하다'란 뜻이다. 참성품을 공경하고 무명을 굴복시켜야 비로소 예배라 한다. 공경하기 때문에 헐뜯지 못하고 굴복시켰기 때문에 방종하지 못한다. 만일 악한 생각을 영원히 멸하고 착한 생각이 항상 존속하면 비록 형식을 갖춰 나타내지는 않았어도 항상 예배하는 것

> **삼독**(三毒)
>
> 탐욕[탐(貪)], 분노[진(瞋)], 어리석음[치(痴)]의 세 가지를 삼독이라
> 고 한다. 사람들을 고통 속으로 몰고 가며 장애를 일으키는 세 가지 번
> 뇌를 의미한다.
> 사람들은 자신의 마음에 끌리는 것은 악착같이 소유하려고 하고 마음
> 에 들지 않으면 화를 낸다. 이렇게 탐착하는 마음이 탐이고, 싫어하고
> 화내는 마음이 진이다. 그 속에는 나를 중심으로 생각하는 어리석음이
> 자리 잡고 있는데 이것이 치다. 이러한 세 가지 마음이 사람의 몸과 마
> 음을 독으로 물들인다.

이라 할 수 있다. 하지만 겉으로 보이는 형식에만 집착하고 안으
로는 탐·진·치 삼독으로 인해 악한 생각을 일으킨다면 거짓으로
예경하는 것이므로 진정한 예배라고 할 수 없다.

일종의 불교 백과사전인 『법원주림』 제20권에서는 예배의 의미
를 이렇게 말한다.

"요즘 불자들을 보면 부처님의 명호(名號)를 부르고 들을 때 비록 몸
으로는 예배하나 마음은 바깥 경계를 반연하여 중도에서 미끄러지더
라도 조금도 반성하고 뉘우침이 없으며 (…) 또 어떤 불자들은 대중
에 예배할 때 천 스님과 만의 속인들이 큰 소리로 주고받으며 도에
지나치게 예배하면서 몸은 따라 절하지 않고, 마음은 공경히 생각지
않으며 마치 군인의 점호 같아서 다만 빈 이름만 기억한다. 이것은
방아가 오르내리는 것 같아 한갓 수고로울 뿐이요, 이익은 없다. (…)
믿음에 의해 잘 들어가 지혜를 낼 수 있는 것인데, 믿음이 이미 행해

지지 않거늘 무엇에 의해 들어갈 수 있는가."

예불은 하루 세 번 아침, 점심, 저녁에 올린다. 이것을 삼시예불 (三時禮佛)이라 한다. 아침 예불은 하루를 여는 의식이고, 저녁 예불은 하루를 마무리하는 의식이다. 이렇게 예불의 의미가 다르기 때문에 염불과 진행 방법에도 약간의 차이가 있다.

아침 예불은 도량을 깨우는 도량석으로 시작한다. 도량석(道場釋)은 절에서 매일 새벽에 진행하는 의식으로, 기상 시간을 알리고 도량을 청정하게 만들어 주는 의식이다. 도량석을 마친 후 부처님께 예불을 올리는데, 이때 예불문을 함께 외운다. 현재 우리나라에서 사용하고 있는 예불문을 '칠정례(七頂禮)'라고 하는데, 1955년 기존에 사용되었던 많은 종류의 예경문을 종합하여 오늘날에 맞게 간략하게 정리한 것이다. 지극한 마음으로 일곱 번 머리를 조아리고 절하면서 예를 표하기 때문에 칠정례라고 한다. 이렇게 지극한 마음으로 머리를 조아리며 절하는 것은 삼보에 대한 예경을 나타낸다.

사찰에 따라 일곱 번이 아니라 여덟 번 정례를 하기도 한다. 가령 설악산 봉정암에서는 진신사리에 대한 정례를 추가하였다. 또 사찰마다 개산조(창건주 스님) 또는 중창조에 대한 정례를 추가하기도 한다.

이러한 예불문에는 불교 교리, 신심, 신앙의 기본 체계가 모두 담겨 있다. 그러므로 예불을 올릴 때 몸으로는 절을 하고 입으로는 염불을 외우며 마음으로는 예불문의 내용을 새기면서 몸과 입과 마음을 하나로 행해야 한다. 몸과 입과 마음이 하나가 되어 온몸으로 신명을 다해 예배할 때 참다운 예배가 된다.

아침 예불 때에는 예불문이 끝나면 행선축원(行禪祝願)을 하거나 발원문을 낭독하는 순서가 있지만, 저녁 예불에는 그런 순서가 없다. 행선축원은 나라와 국민의 평화와 안녕을 기원하며 중생 교화를 위해 정진할 것을 다짐하는 수행자의 서원이다. 불단 예불이 끝나면 신중단을 향하여 예경을 하고 『반야심경』을 독송한다. 독송 후 다시 불단을 향하여 반배를 한 뒤, 대중과 서로 반배를 한다. 혹은 『반야심경』을 독송하고 나서 영가단을 향해 「법성게」를 독송한 뒤 불단으로 돌아오기도 한다. 이로써 예불은 끝나게 되지만 이어서 『천수경』 등을 독송하면서 기도를 진행한다. 현재 「칠정례」, 『반야심경』, 『천수경』이 우리말로 잘 정리되어 있으므로 우리말로 예불을 드리고 경전을 독송하는 것을 생활화하면 좋을 것이다.

아침 예불을 올릴 때에는 큰법당의 예불이 끝난 뒤, 각 법당을 맡은 소임자가 해당 법당에 예를 올린다. 이를 각단예경(各壇禮敬)이라 한다. 반대로 저녁 예불 때에는 큰법당 예불이 시작되기 전

각단예경은 우리나라의 전통적인 사찰 구조를 반영한 의례다. 우리나라의 전통사찰에는 중심이 되는 큰법당뿐만 아니라 약사전, 관음전, 지장전, 칠성각, 산신각 등의 전각이 있다. 이러한 각각의 전각에서 전각의 주인공인 관음보살님이나 지장보살님께 예를 올리는 것을 각단예경이라 한다.

각 법당의 예불을 마친 뒤 큰법당 예불에 동참한다.

2) 헌공, 불보살님께 공양을 올리다

불자가 부처님께 공양을 올리는 것은 부처님의 은혜에 보답하려는 마음의 표현이다. 부처님은 모든 중생을 구제하고, 모든 중생을 열반으로 인도하는 온 우주의 스승이자 대자대비하신 스승이기 때문이다.

사찰에서 매일 점심 이전 사시에 부처님께 공양을 올리며 드리는 예불을 사시예불, 사시불공, 사시마지(巳時摩旨)라고 한다. 사시는 12간지 가운데 여섯 번째에 해당하는 두 시간으로 오전 9시에서 11시를 가리킨다. 그리고 마지는 부처님께 올리는 공양을 말하는데, '공들여 만든〔摩〕맛있는 음식〔旨〕'이라는 뜻이다. 석가모니 부처님께서 하루 한 번, 사시에 공양을 하셨기 때문에 그에 맞춰 불보살님께 공양을 올린다. 사시불공은 사찰의 일과 가운데 제일 중요한 의식이므로 중요한 소임이 있는 이를 제외한 사찰의 모든 대중이 함께한다.

불공은 부처님 당시 재가불자가 부처님과 부처님의 제자들에게 공양을 대접하던 데서 시작됐다. 재가불자는 옷과 음식 등을 준비하여 공양을 올려서 부처님과 부처님의 제자들이 수행에 전념하실 수 있도록 후원하였고, 부처님께서는 공양을 마친 뒤 법문을 베풀어 재가불자를 깨달음의 길로 인도하셨다. 이와 같이 불공은 물질적인 공양만 의미하는 것이 아니라, 부처님의 법문을 듣고 깨달

불공(佛供)이란 불보살님께 공양을 올려 그 가피로 재앙을 없애고 건강과 행복을 기원하는 의식이다. 사시불공은 보통 오전 10시에서 11시 사이에 올린다.

헌공(獻供)도 불공과 비슷한 의미지만 불보살님 외에 신중님이나 칠성님에게 공양을 올린다는 의미까지 담고 있다. 신중님이나 칠성님 등은 부처님이 아니므로 불공보다는 헌공이 좀 더 넓은 의미를 지니고 있다고 할 수 있다.

예불(禮佛)이나 **예경**(禮敬)은 새벽이나 저녁 때 각 전각에서 불보살님께 차나 향으로 예를 올리는 의식이다.

음의 길로 나아가고자 하는 수행의 의미도 담고 있다. 이러한 공양 모습이 부처님께서 입멸하신 후 세월이 흐르면서 사시불공이라는 불교의례로 정착되었다.

이 밖에도 공양에는 '베푼다'는 뜻도 있다. 음식이나 의복, 혹은 그 밖의 물건을 삼보와 부모님, 스승과 망자는 물론 중생에게 베푸는 모든 행위가 공양이다. 따라서 부처님에 대한 확고한 믿음을 가지고 수행 정신과 자비 정신을 다지면서 사시불공뿐만 아니라 일상생활에서도 공양이 이루어지도록 노력해야 한다.

불공은 불보살님께 공양을 올린다는 의미로 헌공이라고도 한다. 헌공에는 삼보헌공과 각각의 불보살님께 올리는 각단헌공이 있다. 삼보헌공은 불·법·승 삼보님께 공양을 올리는 의식으로, 불자들이 가장 많이 하는 것이기도 하다. 각단헌공은 사찰의 관음전, 지장전 등 각각의 전각에 모셔진 관음보살님이나 지장보살님을 비롯해 약사여래, 나한, 칠성 등에 공양을 올리고 찬탄 공경하는 의식이다.

　각단예경이 아침에 각각의 전각에서 특정 불보살님께 예를 올리는 의식이라면 각단헌공은 불보살님께 올리는 공양 의식이라는 점에 차이가 있다.

02

법회로
지혜를 밝히고
가피를 구하다

"선남자야, 누가 가장 높고 착한 이인가? 먼저 부처님과 법을 믿어야 하며, 믿는 것에 그치지 말고 절에 가야 하며, 절에 가서는 예배해야 하며, 예배하되 법을 들어야 하며, 법을 들을 때는 지성으로 듣고 뜻을 생각하여야 하며, 배운 대로 행해야 하며, 자기만의 해탈을 구하지 말고 대승에 회향하여 일체중생을 이롭게 하고 안락하게 하여야 하느니라. 이런 이가 가장 높고 착한 이니라."

– 『대반열반경』, 「범행품」

1) 법회, 불·법·승 삼보와 함께하는 자리

법회는 부처님의 법음이 울려 퍼지는 진리의 장이고, 부처님의 가르침을 배우고 체험하는 믿음과 수행의 자리이며, 불자로서 삶의 자세를 점검하는 중요한 신행 시간이다. 불자라면 당연히 기쁜 마음으로 법회에 참석하여 정성스러운 마음으로 부처님을 참배하고 부처님의 가르침에 귀기울여야 한다.

정기적으로 법회에 참석하여 부처님의 가르침을 배우고 마음에 새김으로써 불자는 자신의 삶을 보다 지혜롭고 자유롭게 만들 수 있다. 그러나 부처님의 가르침을 제대로 배우지 않고 수행하면 독단과 아집으로 잘못된 길에 빠져서 오히려 큰 고통을 겪을 수 있다.

부처님께서는 법문을 듣는 자의 공덕에 대해 이렇게 말씀하셨다.

부처님께서 아난에게 이르셨다.

"마음씨 착한 사람이 있어서 부처님의 밝은 가르침을 듣고 마음을 오롯이 하여 받아들이는 경우 단 하루면 하루라도 좋고, 하루가 안 되면 반나절이라도 좋고, 반나절이 안 되면 한 시간도 좋고, 한 시간이 안 되면 반 시간도 좋고, 반 시간도 안 되면 잠시도 좋으니, 그 것만이라도 그 복은 헤아리지 못하고 말로 나타내지 못할 만큼 크도다."

– 『견의경』

부처님 당시에는 자신의 허물을 대중 앞에 드러내어 참회하는 의식인 '포살(布薩)'을 매달 보름마다 열었다. 이때 부처님과 스님

포살이란 산스크리트 우포사다(upoṣadha)에서 나온 말로 계율을 읽고, 자신이 지은 허물을 참회하며, 선을 기르는 의식이다. 출가자들은 매월 15일과 30일에 포살을 했고, 재가자들은 매월 육재일마다 팔재계를 지키며 포살을 했다.

들이 재가자에게 법문을 했는데, 이것이 정기 법회의 기원이 된다. 이후 불교가 전해지면서 지역 문화와 시대 변화에 따라 다양한 모습의 법회가 진행되었다. 오늘날의 법회 역시 마찬가지다. 예부터 이어져 오는 법회를 계승하기도 하고 새로운 법회를 통해 대중에게 다가가기도 한다. 법회 진행 순서 또한 전통 법회 의식을 따르기도 하지만 오늘날에 맞춘 새로운 형식으로 진행하는 경우도 있다.

오늘날 법회의 진행 순서는 주관하는 사찰이나 단체에 따라 조금씩 다를 수 있으나, 일반적으로 다음과 같은 순서로 진행한다.

법회 진행 순서
1. 개회
2. 삼귀의
3. 찬불가(또는 보현행원의 노래)
4. 반야심경 봉독(우리말 또는 한문 반야심경)
5. 청법가
6. 입정(入定)
7. 설법
8. 축원
9. 발원문
10. 정근
11. 공지사항
12. 사홍서원

13. 산회가

14. 폐회

　재적 사찰에서 정기적으로 진행하는 법회에 참석하여 부처님의 가르침을 믿고 따르는 것은 불자가 꼭 해야 할 가장 기본적인 신행 생활이다. 무엇보다 법회는 자기를 돌아보는 시간으로서, 자신의 삶을 보다 가치 있고 보람 있게 만드는 참된 신행 생활의 자리다. 나아가 법회 활동은 부처님의 지혜와 자비의 가르침을 세상에 널리 전하는 기반이 된다.

2) 다양하게 열리는 법회와 불교 명절

사찰에서 열리는 법회의 종류는 다양하다. 법회 중에는 매주 또는 매월 정기적으로 봉행하는 정기 법회와 부처님 오신 날 등 특별한 날에 봉행하는 특별 법회가 있다.

　정기 법회가 열리는 날도 사찰 여건에 따라 다르다. 보통 음력 초하루 법회와 보름 법회, 그리고 기도 법회를 중심으로 진행되는 지장재일(음력 18일), 관음재일(음력 24일), 약사재일(음력 8일)에 여는 법회 등이 있다. 오늘날에는 현대인의 생활 주기에 맞춰 토요일이나 일요일에 진행되는 요일 법회 및 저녁 법회, 방학이나 휴가를 이용한 수련 법회를 정기적으로 열기도 한다.

(1) 재일과 5대 신앙

재일(齋日)은 원래 인도 풍습에서 온 것이다. 부처님 당시에는 육재일에 재가자들이 스님들에게 법을 청하였다. 재(齋)는 '단식' 내지 '부정을 피한다'는 의미로 포살이라 음역한다. 매월 육재일이면 사람들이 그 전날 밤부터 종교 의식을 치르는 장소에 모여 팔재계를 지키며 하루를 경건히 보냈던 관습에서 유래된 행사다. 매월 음력 8, 14, 15, 23, 29, 30일의 6일이 이에 해당된다.

이러한 육재일은 매달 열 개의 십재일로 발전하였다. 그리고 십재일의 각각에 특정 불보살님과 연결하여 그 의미를 강조하였다. 중요한 재일은 다음과 같다.

1일　정광재일　　　　8일　약사재일
15일　미타재일　　　18일　지장재일
24일　관음재일

대부분의 사찰에서는 초하루, 보름, 그리고 지장재일과 관음재일을 정기 법회일로 정하여 지키고 있다. 사찰에 따라 약사재일이나 미타재일 등에도 법회를 진행하기도 한다. 재일과 관련된 다섯 가지 신앙을 살펴보면 다음과 같다.

첫째, 신중신앙이다. 음력 초하루는 정광(연등) 부처님께 공양을 올리는 날인데, 일반적으로 신중기도를 올린다. 신중은 불법과 불교를 믿는 사람들을 보호하고 이익을 주는 호법신장들을 가리킨다. 『화엄경』에 등장하는 많은 신중을 화엄성중(華嚴聖衆)이라 일컫는데, 부처님의 꽃으로 장식된 아름다운 세계를 옹호하는 성스러운 신들이기 때문에 화엄성중이라 한다.

둘째, 약사신앙이다. 음력 8일은 약사재일로, 약사여래 부처님께 기도하는 날이다. 약사여래는 병을 치료해 주고, 건강한 삶, 재산과 복덕, 의복과 음식, 그리고 부처님의 지혜를 주시는 부처님이시다.

셋째, 아미타신앙이다. 사찰에서는 음력 15일에 보름 법회를 거행하는데, 이날 아미타 부처님께 기원을 드린다. 아미타 부처님은 번뇌와 고통을 물리치고 무량한 생명과 광명을 주시는 서방정토 극락세계의 교주이시다.

넷째, 지장신앙이다. 음력 18일은 지장재일로 지장보살께 기도를 올린다. 자신의 삶을 참회하면서 지장보살을 극진히 불러 지옥 중생뿐만 아니라 모든 중생을 고통에서 구원해 줄 것을 간청한다.

다섯째, 관음신앙이다. 음력 24일은 관음재일로, 이날 관세음보살을 받들어 모시고 소원을 빈다. 관세음보살은 갖가지 고통을 겪고 있는 중생을 구해 주겠다는 큰 자비의 마음을 내어 수많은 모습으로 나투는 보살님으로, 사람들은 저마다의 어려움을 해결해 달라고 관세음보살님께 기도를 올린다.

재일에 하는 기도는 일상생활 속의 기도로 이어지게 되고, 이렇게 올리는 간절한 기도를 통해 불보살님의 가피가 함께하게 된다. 재일 때만이라도 오계나 팔재계(八齋戒) 등을 지키는 날로 삼아 몸과 마음가짐을 청정하게 간직하라고 현대를 살아가는 불자들에게 꼭 권하고 싶다.

(2) 불교의 5대 명절

부처님께서 탄생하신 날, 출가하신 날(출가재일), 깨달은 날(성도재일), 열반하신 날(열반재일)과 더불어 우란분절(백중)을 불교의 5대 명절이라고 한다. 이날에는 특별 봉축 법회를 통해 이 땅에 오신 부처님의 뜻을 마음에 되새기며 정진한다.

① 부처님 오신 날

음력 4월 8일은 부처님께서 탄생하신 날이다. 모든 사찰에서는 이날을 봉축하며 법요식과 관불(灌佛) 의식, 그리고 연등회를 봉행한다.

관불 의식은 부처님께서 탄생하신 것을 축복하며 향탕수로 부처님을 목욕시키는 의식이다. 아기 부처님이 탄생하셨을 때 아홉 마리 용이 공중에서 향기로운 물을 뿌려 부처님을 목욕시켰다는 데서 유래한다.

연등회는 부처님 당시에 아자따삿뚜 왕이 부처님께 등불을 공양한 일에서 유래한다. 촛불이 자기 몸을 태워 세상을 밝히듯이 불자는 믿음과 수행으로 가정과 사회, 그리고 세계를 밝고 아름답게 만들겠다는 서원을 담아 등불을 밝힌다.

『삼국유사』에는 부처님 오신 날부터 보름까지 신라의 수도 경주에서 남녀노소 모두가 스님을 따라 염주를 들고 자신의 소원을 빌며 탑돌이를 했다는 기록이 있다. 또한 등을 밝히고, 복락과 극락왕생을 기원했던 연등회는 전통 문화 행사로서 현재까지 이어지고 있다.

② 출가하신 날(출가재일)

음력 2월 8일은 부처님께서 출가하신 날이다. 부처님께서는 모든 중생을 생로병사의 고통에서 건지겠다는 원력을 세우고 모든 부귀와 영화를 버리고 왕궁을 떠나 출가하셨다. 불자들은 부처님을 본받아 '상구보리 하화중생'의 보살이 되겠다는 서원을 세우며 출가재일 법회를 봉행한다.

③ 깨달은 날(성도재일)

음력 12월 8일은 부처님께서 깨달음을 성취하신 날이다. 이날을 기념하여 선방에서 수행하는 스님들은 일주일간 철야 용맹 정진을 하고, 일반 사찰에서도 발심 정진하는 철야 법회를 갖는다. 불자들은 부처님의 수행을 본받아 부처님처럼 생사를 윤회하는 고통의 바다에서 벗어나 열반을 성취하고 일체중생을 교화하여 불국정토를 건설하겠다는 서원을 세우며 기념 법회를 갖는다.

④ 열반하신 날(열반재일)

음력 2월 15일은 부처님께서 열반하신 날이다. 열반은 모든 번뇌가 사라져 마음이 평온한 상태를 말한다. 부처님께서는 항상 고요한 자리에 계시지만 중생을 위해 육신으로 나타나셔서 45년간 자비를 베푸셨다. 그러다가 마침내 육신마저 버리고 열반에 드셨다. 이를 완전한 열반, 반열반(般涅槃)이라고 한다. 불자들 또한 허망한 집착을 버리고 열반의 경지를 성취겠다는 서원을 세우며 기념 법회를 가진다.

⑤ 우란분절과 백중

음력 7월 15일은 여름안거 해제일이면서 백중이다. 여름안거 해제일이란 여름 기간 동안 선방에서 두문불출하며 수행 정진하던

왜 조상님 천도재를 지내나?

천도(薦度)란 죽은 영혼인 영가를 극락으로 인도하는 의식이다. 악업을 남기고 돌아가신 조상님이 지옥이나 아귀의 고통에서 벗어날 수 있도록 해 주는 것이다. 구천을 떠도는 외로운 영가도 천도를 통해 구제해 준다. 그리고 조상님들을 보다 안락하게 모시는 것도 넓은 범위에서 천도라 할 수 있다.

천도재를 진행하고 있는
스님들

스님들이 수행을 마치고 산문 밖으로 나오는 날을 말한다. 이날 선방에서는 여름안거 동안 정진하면서 지은 자신의 잘못을 대중 앞에 고백하고 참회하는 포살을 행한다.

백중은 과일과 음식 등 백 가지를 공양한 백종(百種)에서 유래했다고 한다. 이날 불자들은 돌아가신 조상님과 부모를 천도하고 지옥에서 고통으로 신음하는 영가들을 구원하는 우란분절(盂蘭盆節) 법회를 본다. 우란분절 법회는 안거 수행을 마친 대중 스님에게 공양을 올린 공덕으로 지옥에 떨어진 어머니를 구제한 목갈라나 존자의 효행에서 유래된 것이다. 그리하여 사찰에서는 돌아가신 부모님을 천도하는 의식을 진행하거나 외로운 영혼들을 위무하여 지옥과 아귀의 고통에서 벗어나게 해 주는 천도 의식을 진행한다. 우란분절은 우란분재(盂蘭盆齋)라고도 한다.

조선 시대에는 음력 4월 8일과 백중을 1년 중 가장 큰 행사로 여겼다. 민간에서는 고된 농민들의 삶을 위로하는 최대 축제일이기도 했다.

(3) 세시풍속과 함께하는 불교 명절

민간에서 세시풍속이 사라져 가는 오늘날, 사찰은 정초 법회, 입춘 법회, 칠석 법회, 동지 법회 등을 통해 살아 있는 전통 문화의 현장으로서 큰 역할을 하고 있다.

① 정초 법회

정초는 새해의 풍요와 안정을 희구하는 새로운 출발의 시기이자 다가올 미래를 준비하는 시기이기도 하다. 예전에는 정초가 되면 사찰에서 마을 주민들과 더불어 여러 행사를 하였으나 요즘은 신년 첫 법회를 열어 한 해의 평안을 발원한다. 이 법회를 통알(通謁)이라고 한다. 석가모니 부처님을 비롯하여 삼보와 호법 신중, 그리고 인연 있는 일체 대중에게 세배를 드린다. 또 새해가 되면 사찰에서는 새해의 안녕과 평안을 발원하는 정초기도를 올린다. 정초기도는 대개 정월 초삼일부터 3일 또는 1주간 이어진다. 정초기도에는 부처님의 가피를 바라는 것만이 아니라, 한 해를 어떤 원력으로 살겠다는 다짐도 하게 된다.

② 입춘 법회

민간에서는 입춘(양력 2월 4일)을 '삼재(三災)를 소멸하는 날'로 여겨 왔다. 삼재는 온갖 재난을 물, 불, 바람이라는 세 요소로 비유한 것으로, 이러한 재난이 입춘과 함께 들어오고 나간다고 믿었다. 사찰에서는 사람들의 마음과 입춘의 기능을 수용하여 삼재 소멸 기도를 올려서 삼재에서 벗어나 1년 내내 풍요로움이 가득하기를 기

통알이란 새해에 들어 여러 불보살님과 일체의 법보와 승보, 그리고 사찰 대중 모두에게 위계질서에 따라 두루두루(通) 인사를 드린다(謁)는 의미를 담고 있다. 세알(歲謁)이라고도 한다.

원한다. 삼재풀이 등은 불교 자체의 풍습은 아니지만, 이 또한 하나의 문화이자 사람들을 부처님 가르침으로 이끄는 계기로 보는 시각이 필요하다. 나아가 남을 위한 선행을 실천한 공덕으로 삼재를 멸하기도 하기 때문에, 입춘을 적극적으로 선행을 실천하는 날로 여기는 것도 권장할 만하다.

③ 칠석 법회

칠석인 음력 7월 7일은 북두칠성의 칠성님을 섬기는 날이다. 칠성님이 인간의 무병장수와 복덕을 주관한다는 민간신앙은 자연스럽게 불교 안으로 들어와 칠성신앙으로 자리 잡았다. 오늘날 민간의 칠석 풍습은 거의 사라졌지만 사찰에서 올리는 칠석의 칠성 불공은 이어지고 있다.

한편 칠석은 견우 직녀와 관련이 있기 때문에 남녀 인연을 비는 날이기도 하다. 그래서 오늘날에는 국적 불명의 밸런타인데이를 대신해 미혼 남녀의 좋은 인연을 맺어 주는 칠석 법회가 확산되고 있다.

④ 동지 법회

하지 이후로 계속 짧아지던 낮이 동지(양력 12월 22일)를 기점으로 다시 길어지기 시작한다. 그래서 옛사람들은 동짓날을 한 해를 보내고 다음 한 해가 시작되는 날로 보았다. 따라서 사찰에서는 동짓날에 한 해를 되돌아보는 법회를 지내는 등 동지 법회를 중요하게 여긴다. 사찰에서는 달력을 나누어 줌으로써 한 해의 시작을 준비하게 하고, 동짓날 절기음식인 붉은 팥죽을 쑤어 먹으며 복덕을 기원한다. 그런가 하면, 동지헌말(冬至獻襪)이라 해서 동지가 되면 가족과 이웃에게 버선을 선물하는 풍습도 있다. 요즘은 버선 대신 양말을 선물하기도 하지만, 주변에 어려운 이웃이 따뜻하게 겨울을 날 수 있도록 돕는 것도 동짓날을 뜻깊게 보내는 일이기도 하다.

그 외에도 삼월 삼짇날, 단오 등 각종 절기마다 사찰에서는 불공과 기도를 올리며 복덕을 기원한다. 이처럼 불교가 민족의 세시풍속을 불교의 명절로 받아들인 것은 고통스러운 현실에서 벗어나고 싶어 하는 민중의 소망을 외면하지 않고 고통을 함께 나누려는 큰 뜻이 담겨 있다.

실천과제
- "밤이면 밤마다 부처님을 안고 자고, 새벽이면 새벽마다 부처님을 안고 일어난다."는 말의 의미를 생각해 본다.
- 정기적으로 법회에 참석하여 일상생활 속에 신행이 스며드는 기반을 마련한다.

9장

수행과 전법, 그리고 문화가 살아 있는
사찰은 어떤 곳인가

사찰의 기능과 역할

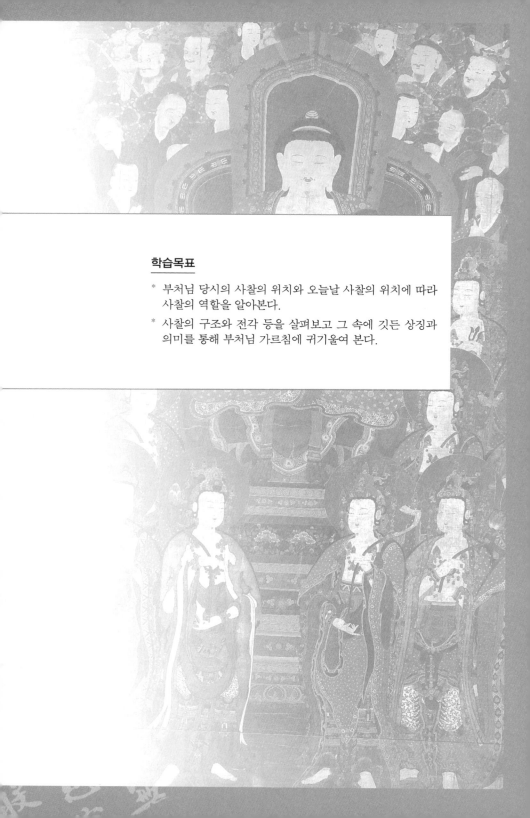

학습목표

* 부처님 당시의 사찰의 위치와 오늘날 사찰의 위치에 따라 사찰의 역할을 알아본다.
* 사찰의 구조와 전각 등을 살펴보고 그 속에 깃든 상징과 의미를 통해 부처님 가르침에 귀기울여 본다.

01

수행하기 좋고
전법하기 좋은 곳에
위치한 사찰

"부처님께서 거처하시는 곳은 어디가 가장 좋을까. 마을에서 그다지 멀지도 않고 가깝지도 않은 곳으로, 설법을 듣기 위해서 부처님을 찾아오는 모든 사람이 왕래하기에 수월한 장소가 필요하다. 더욱이 낮에는 많은 사람들이 내왕하여 붐비는 일 없고, 밤에는 소란스러움이 없이 조용하게 머물며 조용히 수행하기에 알맞은 곳이어야한다."

– 『사분율』

『사분율』의 이 구절은 부처님께 사찰을 보시하고자 하였던 그 당시 불자들이 생각한 수행터가 갖춰야 할 조건을 말한다. 이러한 조건은 사찰이 부처님의 가르침을 닦는 수행 도량이자 부처님의 가르침을 널리 펴서 중생을 제도하는 전법 도량이었음을 알려 준다.

부처님 당시 처음부터 사찰이 있었던 것은 아니다. 수행자들은 일정한 거주처 없이 숲속이나 동굴 등 조용한 곳에 잠시 머물 뿐,

걸식과 유행 생활을 하며 깨달음을 추구하는 데 전념하였다.

그러나 인도 기후의 특성상 우기에는 이러한 생활이 불가능하 였다. 첫째, 불살생의 계율을 지키는 수행자로써 우기를 맞아 생존 과 번식을 위해 쏟아져 나온 수많은 벌레와 미물이 유행하는 수행 자의 발에 밟혀 죽게 되는 것을 묵과할 수 없었다. 둘째, 폭우로 인 하여 길이 끊어질 경우, 수행자는 탁발을 하러 갈 수 없어서 굶어 죽게 되거나 탁발을 하러 가는 도중 목숨을 잃어 버릴 위험을 안 고 있었다. 그래서 부처님께서는, 우기에는 수행자들이 바깥출입 을 삼간 채 일정한 장소에 모여 공동생활을 하며 수행 정진하도록 하셨다. 그리고 이들이 머물 장소는 재가신자들이 스스로 마련하 였다.

최초의 사찰은 부처님 가르침에 탄복한 빔비사라 왕이 부처님께 보시한 수행처에 생겼다. 빔비사라 왕은 마을에서 가깝지도 않고 멀지도 않은 곳에 있는 대나무 숲을 보시하였는데, 이후 대나무 숲 에 거주하는 부처님과 그 제자들을 위해 어느 신도가 절을 지어 보시하였다. 이곳이 마가다 국의 수도 라자가하에 위치한 불교 최초의 절 죽림정사(竹林精舍)다. 이후 중인도 곳곳에 부처님 가르침을 받드는 신도들에 의해서 여러 사찰이 세워졌는데 그 가운데에서도 부처님 당시 최대의 사찰은 중인도 꼬살라 국 수도 사왓티에 수닷따 장자가 기증한 기원정사(祇園精舍)였다.

부처님 당시의 사찰은 마을과 멀지도 가깝지도 않은 곳에 세워져 소음으로 인해 수행 생활에 지장이 생기는 일을 피했으며, 스님이나 재가자가 어렵지 않게 오가면서 교화를 돕도록 했다. 오늘날 우리나라에서 사찰이라고 하면 산사를 떠올리기 쉽지만 경주 분황사 등을 보면 마을 중심에도 사찰이 있었음을 알 수 있다. 이렇게 마을이나 산속에 위치한 사찰은 수행 도량이자 전법 도량으로써의 역할을 하였지만 조선 시대의 억불 정책 등에 의해 마을의 사찰이 줄어들면서 상대적으로 산사의 이미지가 강하게 남게 되었다.

이처럼 초기의 사찰은 스님들의 수행처이자 공동 거주지로 건

사찰을 지칭하는 여러 가지 용어

사찰을 일컫는 말은 실로 다양하다. 가람(伽藍), 사원(寺院), 승원(僧院), 정사(精舍), 난야(蘭若), 혹은 암자(庵子), 사(寺), 도량(道場) 등이 그것이다. 가람은 '수행자들의 거주처'라는 뜻이고, 승원은 그것을 한문으로 의역한 것이다. 정사란 깨끗한 집이라는 뜻이다. 암자는 산스크리트 아란야(araṇya)에서 온 말로 '난야'라 음역하기도 하는데 조용한 숲속의 수행처로서 소규모의 도량을 일컫는다. 사원은 승가를 의미하는 사(寺)에 절 안의 별도의 구역을 뜻하는 원(院)을 합친 말이다. 원(院) 한 자만으로도 사찰을 의미하기도 한다.

립되었지만 시대가 흐름에 따라 의례를 집행하는 성스러운 공간으로, 중생을 고통에서 구제하는 자비의 실천 도량으로 승화되면서 불교 교단과 교법을 유지하고 존속시키는 견고한 기반이 되었다. 오늘날 사찰은 스님들이 거주하면서 수행 정진하며 중생을 교화하고 제도하는 도량이자 불자들이 법회나 예불에 동참하면서 부처님 말씀에 따라 진리의 삶을 추구하는 도량으로서 다음과 같은 역할에 힘쓰고 있다.

첫째, 수행의 장소다. 깨달음을 얻기 위하여 노력하며, 중생의 삶에서 부처님의 삶으로 변화되는 곳이다.

둘째, 예경의 장소다. 부처님께 예경과 헌공을 올리며 중생의 고통과 아픔을 씻고 행복을 성취하는 곳이다.

셋째, 교육의 장소다. 부처님의 가르침을 배우며 어리석은 마음을 깨우고 참된 삶의 길을 배우는 곳이다.

넷째, 전법의 장소다. 부처님께서 모든 중생의 행복을 위해 전법의 길을 떠나라고 하셨듯이 전법은 불자의 의무다. 사찰은 전법이 이루어지는 가장 중요한 공간이라고 할 수 있다.

다섯째, 봉사의 장소다. 개인의 해탈보다는 생명을 아끼고 사랑하는 마음으로 사찰이 건립되도록 한 부처님의 가르침을 되새기면서 대자대비를 실천해야 한다. 사찰은 자비를 실천하는 신행 공동체의 공간으로서 사회와 이웃에 부처님의 가르침이 구현되도록 사명을 다하는 곳이다.

여섯째, 역사와 문화의 장소다. 사찰은 우리나라의 역사와 문화를 간직하고 있는 곳으로서 전통 문화의 계승과 미래 문화 창조에 기여한다. 특히 건축 양식을 비롯하여 동지, 입춘 등 사라져 가는 유형·무형의 문화와 풍습을 계승하고 오늘날에 맞게끔 새롭게 해석하고 있다.

일곱째, 생태와 녹지가 함께하는 장소다. 경치 좋은 곳에는 모두 사찰이 자리 잡고 있다고 말하지만, 오히려 사찰 덕분에 주변 생태와 녹지가 보존되어 아름다운 풍광이 유지된다. 사찰 대중에 의해 보존된 사찰 주변의 생태와 녹지는 많은 이에게 마음의 안식처를 제공한다.

여덟째, 지역 주민의 쉼터이자 자기 성찰의 장소다. 현대사회에서 사찰은 지역 주민의 쉼터 역할을 하면서 자기 성찰의 기회를 제공한다. 템플스테이 체험을 비롯한 다양한 프로그램을 통해 일반인에게도 친숙하게 다가가고 있다.

대한불교조계종에는 현재 전국에 있는 3,000여 개의 크고 작은 사찰이 소속되어 있으며, 각 사찰에서는 이와 같은 역할을 다하기 위해 노력하고 있다. 하지만 대부분의 사찰이 도심과 떨어져 있기 때문에 불자들이 정기적으로 사찰을 찾아 예배하고, 신앙하며, 수행하는 데 어려움을 겪고 있는 것도 사실이다. 그래서 근래에는 현대인의 생활 환경에 맞추어 사찰의 형태도 변화하고 있다. 산속이 아니라 아파트 단지, 주택가, 도심의 빌딩 등 생활 공간 가까이에 도심 포교당이 점차 늘어나는 추세다. 도심 포교당은 일요 법회를 비롯한 각종 정기 법회 및 불교대학, 문화강좌 등을 통해 현대인의 정서와 생활 환경에 맞춘 새로운 신행 도량으로서 지역 주민을 부처님 품으로 인도하는 역할을 하고 있다. 또한 전통 사찰에서 도심 포교당을 개설하거나 전통 사찰과 도심 포교당이 서로 연계하는 등 사찰의 장점을 살려 오늘날에 맞게 사찰의 역할을 만들어 가고 있다.

02 사찰 곳곳에 담겨 있는
진리의 향기

부처님께서 법계에 충만하시어

널리 모든 중생 앞에 나타나시니

연을 따라 나아가 두루하지 않음이 없으시되

항상 이 보리좌에 앉아 계시도다.

— 『화엄경』, 「여래현상품」

깨달음의 자리에 계신 부처님은 중생의 근기에 따라 다양한 모습으로 다양한 가르침을 주신다. 사찰은 그런 부처님의 가르침이 살아 숨 쉬는 공간이다. 따라서 사찰은 이유 없이 도심이나 산속에 있는 것이 아니라 다양한 가르침을 안고 그곳에 있다.

법당에 계신 부처님을 찾아가는 여정은 바다를 건너 수미산(須彌山)을 올라가는 여정에 비유되기도 한다. 수미산은 경전에 등장하는 세상의 중심에 있는 가장 높은 산이다. 공간적으로는 수미산 꼭대기에 계신 부처님을 찾아가는 힘겨운 여정이지만, 시간적으로

전통 사찰의 전각 배치

① 해탈교　② 부도전　③ 일주문　④ 천왕문
⑤ 불이문　⑥ 석등　　⑦ 석탑　　⑧ 대웅전
⑨ 범종각　⑩ 요사채　⑪ 지장전　⑫ 삼성각
⑬ 암자

는 우리의 신행 생활이 진행되는 과정을 나타낸다. 신행 생활 가운데 신심이 더욱 생기기도 하지만, 탐욕과 성냄과 어리석음인 탐·진·치 삼독에 의해 퇴굴심과 자만심 등 번뇌가 일어나기도 한다. 높은 산을 오를 때 마음이 변덕스럽게 변하는 것과 같다. 이러한 마음을 살펴보고 다스릴 수 있도록 사찰 곳곳에는 부처님의 자비로운 가르침이 담겨 있다.

1) 극락교 건너 만나는 사찰의 장엄물

(1) 극락교, 해탈교

사찰로 들어가다 보면 극락교, 해탈교와 같은 다리를 만난다. 이 다리는 그냥 다리가 아니라, 중생 세계에서 부처님 세계로 나아가는 다리다. 그래서 극락교, 해탈교라고 불린다.

여수 흥국사 무지개다리

이러한 다리 밑 천장에는 용이 있는 경우가 많다. 이 용은 물길을 통해 오는 사악한 무리나 기운을 제압하여 사찰을 지키는 호법신장이다. 사악한 무리나 기운이 실제 있을지는 알 수 없지만, 한편으로는 사찰을 찾은 우리 마음을 가리키기도 한다. 다리를 건너면서 본인의 마음을 살필 일이다.

(2) 하마비

일주문에 이르기 전 하마비(下馬碑)를 만나게 된다. 하마(下馬)는 '말에서 내리라'는 뜻이다. 여기서 말은 사회적 신분을 말한다. 속세에서 아무리 위세가 있는 사람이라 할지라도 여기서부터는 똑같은

범어사 하마비

부처님 제자이자 신도일 뿐, 다른 것이 없다. '내가 무엇이라는 생각을 내려놓아라', 즉 하심을 말한다. 자신을 내려놓지 않고서는 부처님을 만나볼 수 없다.

(3) 당간지주

일주문 전후에는 깃대를 세우고 지지하였던 돌기둥이 있다. 이를 당간지주(幢竿支柱)라고 한다. 옛날에는 법회나 행사가 있을 때

9장 수행과 전법, 그리고 문화가 살아 있는 사찰은 어떤 곳인가

굴산사지 당간지주

깃발을 달아 사람들에게 알렸다. 이 깃발을 당(幢)이라 하고, 깃대를 당간(幢竿)이라 한다. 당간지주는 이곳이 부처님의 가르침이 함께하는 성스러운 공간임을 나타냄과 동시에 사찰을 찾는 이들에게 부처님 품이 가까워졌음을 알려준다. 오늘날 간혹 당간까지 남아 있는 경우도 있지만 대부분 당간지주만 남아 그 옛날 사찰의 규모를 짐작하게 한다.

2) 부처님 세계로 들어가는 사찰의 문

사찰 곳곳에 담겨 있는 가르침에 따라 마음을 다스리는 여정이 어느 정도 지나면 일주문에 이르게 된다. 수미산 입구에 다다른 것이다. 이제 본격적으로 수미산에 올라 부처님을 뵈러 가는데, 만만한

여정이 아니다. 사찰의 세 가지 문[三門]이라고 하는 일주문, 천왕
문, 불이문 등을 지나야 한다.

수미산은 경전에서 말하는 지상에서 가장 높고 신성한 산이다.
이 수미산 정상과 그 위 하늘에서는 신들이 노닌다. 부처님의 세계
는 이들 신들의 세계 너머에 존재한다. 그리고 수미산 중턱에는 사
방을 수호하는 사천왕이 머물며 수미산 지하에는 지옥세계가 전개
된다.

(1) 일주문

사찰에 들어갈 때 처음 만나는 문으로 기둥이 한 줄로 늘어서 있
다고 하여 일주문(一柱門)이라고 부른다. 한 줄로 늘어서 있는 기둥

은 세속의 번뇌로 흐트러진 마음을 하나로 모아 진리의 세계로 들어가는 것, 즉 일심(一心)을 뜻한다. 바꾸어 말하면 사바세계에서 정토세계로, 이 언덕에서 저 언덕으로 가는 첫째 관문이라고 할 수 있다. 우리 마음을 살펴 다스리지 않으면 결코 일주문 안으로 들어갈 수 없다는 뜻이기도 하다.

일주문에는 보통 '영축산 통도사', '가야산 해인사', '조계산 송광사'라는 식으로 산과 사찰 이름을 나란히 표기한 편액을 걸어 놓으며, '조계문'이라는 편액을 거는 경우도 있다. 또 좌우의 기둥에는 불지종가(佛之宗家), 국지대찰(國之大刹) 등의 주련을 붙여 사찰의 성격을 나타낸다.

(2) 금강문

일주문 다음에는 보통 사천왕문이 있지만, 일주문과 사천왕문 사이에 금강역사가 있는 금강문이 있는 경우도 있다. 금강문이 없는 경우, 사천왕문 벽면이나 문짝에 금강역사를 그려 두기도 한다.

법당 쪽을 바라볼 때 왼쪽이 나라연금강, 오른쪽이 밀적금강이다. 나라연금강은 코끼리 100마리만큼의 힘을 가지고 있으며 '아' 하고 입을 벌리고 있어 아금강역사라고 한다. 밀적금강은 비밀스런 부처님의 행적을 듣고자 원을 세웠기 때문에 밀적(密迹)이라고 하는데, '훔' 하고 입을 다물고 있어 훔금강역사라고도 한다. 아금강역사의 '아'는 우주의 첫소리, 우주가 열리는 소리이며, 훔금강역사의 '훔'은 우주의 끝소리, 우주가 닫히는 소리이다. 이 '아'와 '훔'

을 합치면, 우리가 잘 아는 '옴'이라는 소리가 된다. 진언 앞에 있는 '옴'이라는 소리는 우주의 처음과 끝, 우주의 모든 것을 아우르는 소리를 뜻한다.

산을 오르다 보면 여기를 왜 왔나 하고 후회할 때가 있는 것처럼, 신행 생활 도중에도 다른 생각이 들 때가 있다. 이때 마음을 다스려 주는 분이 금강문이나 사천왕문에서 만나는 금강역사와 사천왕 등의 호법신장이다. 이들은 법당으로 오르는 중턱에서 불보살님의 세계를 옹호하고 사찰에 들어서는 대중을 보호한다.

(3) 천왕문

사천왕은 원래 수미산 중턱에 걸쳐 있는 사천왕천에 사는 천신이었지만, 부처님의 가르침에 감복하여 불법을 지키는 신장으로 거듭난 이들이다. 각각 동남서북 네 방위를 지키는 천왕으로, 지국천왕, 증장천왕, 광목천왕, 다문천왕이다.

천왕문에서 사천왕이 서 있는 위치는 보통 법당을 바라보며 섰을 때 오른쪽 앞쪽부터 시계 방향으로 동쪽의 지국천왕, 남쪽의 증장천왕, 서쪽의 광목천왕, 북쪽의 다문천왕 순서다. 각각의 천왕이 있는 위치는 사찰마다 약간씩 차이가 있다.

한편 사천왕이 들고 있는 물건 역시 경전마다 그 내용이 다르지만, 현재 우리나라 사찰의 경우 각각 비파, 칼, 용과 여의주, 창과 탑 등을 들고 있다.

(4) 불이문

천왕문을 지나면 불이(不二)의 경지를 상징하는 불이문을 만나게 된다. 모든 분별이 사라진 자리, 망상으로 인한 온갖 시시비비가 사라진 자리에 이르러 모든 번뇌 망상이 사라진 경지를 해탈이라고 한다. 이러한 해탈의 경지가 둘이 없는 불이의 경지다. 그래서 불이문을 해탈문, 또는 극락문이라고도 한다. 이 문에 들어서면 이제 부처님 나라, 불국정토에 다다르게 된다.

표충사 사천왕문

통도사 불이문

부석사 안양루

(5) 누각

불이문을 대신하여 안양루, 만세루 등의 누각을 통해 법당 앞 부처님 세계로 나아가기도 한다.

누각은 이층 다락집 형태로 대부분 부처님을 모신 중심 법당과 마주하는 곳에 자리한다. 어두운 누각 밑을 지나 밝은 법당 앞으로 나아가는 것은 마지막 어두움을 끝내고 부처님의 지혜와 자비 광명이 가득한 세상으로 나아간다는 의미다.

또한 다른 문이나 전각들보다 천장이 낮아 그곳을 지나가는 사람들이 저절로 머리를 숙이게 하는데, 이를 통해 자신을 내려놓으라는 하심의 가르침을 전한다. 신행 생활의 시작이 하심이고 끝이 하심이다. 나를 완전히 내려놓은 경지가 바로 불이의 경지이자 해탈의 경지이며 부처님 세계다.

3) 부처님의 지혜와 복덕이 충만한 곳, 법당

(1) 법당의 다양한 이름, 불전 · 금당

고즈넉한 산사의 법당 마루에 앉아 있으면 지난 세월 이곳을 지켜 온 많은 이들의 정성이 느껴지고, 새로운 모습으로 건립된 법당 마루에 앉아 있으면 이 시대를 헤쳐 나가는 이들의 원력이 느껴진다. 법당은 부처님의 지혜와 복덕이 충만한 곳이자 어제와 오늘을 함께하는 이들의 정성과 원력이 느껴지는 곳이다.

법당(法堂)은 불보살님을 모신 곳을 말한다. 불전이라 하기도 하고, 금당이라 하기도 한다.

불전(佛殿)은 말 그대로 '부처님을 모신 큰 집'이다. 좁은 의미로는 사찰의 중심 건물인 본전을 말하고, 좀 더 넓게는 부처님을 모신 불전과 보살님을 모신 보살전을 함께 지칭하기도 한다. 가장 넓은 의미로는 산신각, 독성각 등 신앙과 예배의 대상이 되는 모든 전각을 칭한다.

금당(金堂)은 부처님을 모신 집이라는 뜻이다. '금'이라는 말이 붙은 것은 부처님의 몸이 붉은 빛이 도는 금색이기 때문이다. 고려 시대 초기까지는 본존불을 모신 사찰의 중심 법당을 금당이라 불렀다. 그러다가 본존불의 성격에 맞추어 '대웅전', '대적광전', '미륵전', '극락전' 등으로 중심 건물의 이름이 구체화되었다.

법당은 말 그대로 '법의 집'이다. 불교에서는 '법'의 뜻이 다양하게 사용되지만 여기서는 '부처님의 가르침' 또는 '진리'를 말한다.

그러므로 법당이란 '부처님의 가르침이 가득한 집', '부처님의 가르침이 전해지는 집', '진리의 집', '진리로 충만한 집' 등의 뜻이 된다.

금당으로 불리든, 법당으로 불리든 그 명칭과는 상관없이 이 자리에 있었던 수많은 이가 불보살님께 발원하고 기도하였음을 매끈하게 닳은 법당 마루의 세월이 말해 준다. '부처님의 집'(금당)이 곧 '가르침의 집'(법당)이며, '부처님의 품안'이 바로 '가르침의 품안'이자 '진리의 품안'이다.

(2) 법당의 구조, 상단 · 중단 · 하단

법당 안에는 다양한 이들이 함께한다. 불보살님뿐만 아니라 천장에 자리한 용과 봉황부터 법당 한쪽에 자리한 여러 신장들, 그리고 불보살님의 자비를 필요로 하는 영가까지 참으로 다양한 이들이 있다.

법당의 구조

법당은 크게 상단, 중단, 하단의 삼단 구조로 되어 있다.

상단은 법당의 앞쪽 정면에 위치한다. 가장 높은 단상을 설치하고 그 중앙에 부처님, 또는 보살님을 모신다. 부처님과 보살을 모셨기 때문에 불보살단이라고 하고, 줄여서 불단이라고도 한다. 여기에는 그 사찰의 본존불과 후불탱화를 모신다.

중단은 호법신장을 모신 단으로 신장단 또는 신중단이라고도 한다. 제석천이나 대범천 등의 천상 성중과 천, 용, 야차, 건달바, 아수라, 긴나라, 가루라, 마후라가 등 팔부신장 등을 모신다. 토속신앙의 대상인 칠성과 산신을 모시기도 한다. 중단에는 탱화 형태로 모신다.

하단은 영가의 위패를 모신 단으로서 영단, 또는 영가단이라고도 한다. 아미타 부처님께서 중생을 극락으로 인도하는 모습을 담은 '아미타여래내영도'나 영가를 위하여 불보살님께 공양을 올리고 법을 청하는 '감로도', '지장보살도' 등을 후불탱화로 모신다. 또한 후불탱화 없이 위패만 모신 곳도 많다.

이러한 상단, 중단, 하단의 위치와 구조는 사찰마다 다르지만, 예를 올리는 순서는 언제나 상단, 중단, 하단의 순서로 이루어진다. 참고로 중단에 예를 올릴 때는 상단에 올렸던 공양을 물려서 〔이를 퇴공(退供)이라고 한다.〕 그 공양을 신중단에 올리고 의식을 진행한다. 이는 신중이 부처님께서 물리신 공양을 받겠다는 원을 세웠기 때문이다.

4) 말없이 이어지는 불멸의 삼보

법당 마당에는 하나 또는 쌍으로 탑이 있기 마련이다. 탑 앞에서 합장 반배하는 사람도 있고, 합장한 자세로 탑 주위를 돌면서 사면에 각각 반배하는 사람도 있다. 탑과 조성된 의미가 비슷한 성보로는 금강계단, 석등, 부도 등이 있다.

(1) 탑

탑은 부처님의 진신사리나 경전이 모셔져 있는 성스러운 공간이다.

탑의 기원은 부처님 입멸 당시를 담은 경전 내용에서 찾을 수 있다. 부처님께서 열반에 드신 후 여덟 나라의 국왕이 부처님의 사리를 여덟 등분하여 자신들의 나라로 가지고 가 탑을 세우고 그 안에 사리를 봉안했다고 한다.

탑은 초기불교에서는 가장 중요한 신앙의 대상이었으나 사리나 유물, 유품의 수에 한계가 있어 탑을 세우기 어려워지자 대신 불상을 조성하여 신앙의 대상으로 삼았다. 그럼에도 탑은 여전히 부처님의 진신에 귀의하는 신앙 대상으로 도량을 장엄하고 있다. 불자들은 탑 앞에서 삼배를 올리거나 탑을 오른쪽에 두고 탑돌이를 하면서 원력을 세우기도, 소망을 빌기도 한다. 탑돌이를 할 때는 보통 탑을 세 번 돌지만, 그 이상 돌아도 된다.

감은사지 삼층석탑

9장 수행과 전법, 그리고 문화가 살아 있는 사찰은 어떤 곳인가

통도사 금강계단

(2) 금강계단

금강계단(金剛戒壇)은 본래 수계 의식을 집행하던 장소를 말한다.

금강은 무엇으로도 깨부술 수 없는 가장 단단한 것을 의미한다. 그래서 계를 지키는 마음이 금강과 같이 굳건하여 자칫 파계하는 일이 없기를 기원하는 의미로 수계 의식을 집행하는 장소를 금강계단이라고 하였다. 이 금강계단 가운데에는 부처님을 상징하는 사리가 모셔져 있다. 우리나라의 경우 통도사의 금강계단이 가장 대표적이다.

(3) 석등

석등은 본래 불을 밝히는 용도로 사용하지만, 사찰에서는 불국토를 장엄하는 하나의 상징으로 자리 잡았다. 불교에서 등불은 지혜, 가르침, 깨달음을 상징한다. 따라서 석등은 부처님의 지혜와 자비 광명이 오늘날 중생들과 함께함을 나타낸다.

(4) 부도

부도(浮屠)는 스님의 사리를 모신 탑이다. 조사 스님의 가르침을 이어받고자 하는 선종의 발달과 더불어 성행하였다. 부도와 탑은 둘 다 사리를 봉안하였다는 점에서는 같지만, 사리의 주체와 형태, 놓이는 위치가 다르다. 탑은 사찰의 중심인 법당 앞에 세워지는 데 반해, 부도는 사찰 경내 주변이나 외떨어진 곳에 자리한다. 이렇게 부도를 모신 곳을 부도전이라 한다.

5) 수행이 살아 있는 사찰의 생활 공간, 요사

요사는 사찰 경내의 전각과 문을 제외한, 대중이 생활하는 건물을 통칭하는 말이다. 흔히 요사채라고 부른다. 여기에는 큰방, 선방, 강당, 사무실, 후원(부엌), 창고, 해우소(解憂所. 화장실)까지 포함되어 있다.

요사는 기능에 따라 다양한 이름으로 부르는데, 주로 수행과 관련된 이름을 가지고 있다. 생활 공간과 선방의 기능을 함께 갖고 있는 요사는 지혜의 칼을 찾아 무명의 풀을 벤다는 뜻의 심검당(尋

① 부석사 석등
② 월정사 부도전

劍堂), 말없이 명상한다는 뜻의 적묵당(寂默堂), 올바른 행과 참선을 하는 장소임을 뜻하는 해행당(解行堂), 수선당(修禪堂) 등으로 불린다. 생활 공간과 강당으로서의 기능을 함께 갖고 있는 요사는 설선당(說禪堂) 등으로 불린다. 또 조실 스님이나 대덕 스님의 처소는 염화실(拈花室) 또는 반야실이라고 부르며, 공양간은 향나무를 때서 공양을 짓는다는 옛 이야기에 따라 향적전(香積殿)으로도 불린다.

03

부처님 가르침과
함께하는 법구

이 종소리 듣게되면 온갖번뇌 끊어지고

밝은지혜 자라나고 보리심이 생겨나며

지옥세계 멀리떠나 삼계고를 벗어나고

깨달음을 이루어서 모든중생 건져지이다.

- 저녁 종송

법구는 불교 의식 등에 쓰이는 모든 도구를 가리키는데, 불구(佛
具)라고도 한다. 법구는 법답게 소중히 다루어야 하며, 필요할 때
만 법식에 맞춰 사용해야 한다.

1) 중생을 제도하기 위한 불전사물

아침저녁으로 예불 때 치는 법고, 범종, 목어, 운판 네 가지 법구를
불전사물(佛殿四物)이라고 한다.

법고는 '법을 전하는 북'이라는 뜻이다. 쇠가죽으로 만들며, 짐승

사물을 치는 스님
법고(맨위),
범종(가운데),
목어(아래 오른쪽),
운판(아래 왼쪽)

9장 수행과 전법, 그리고 문화가 살아 있는 사찰은 어떤 곳인가

세계의 중생을 깨우치기 위하여 울린다.

운판은 청동이나 철로 만든 넓은 판으로, 공중을 날아다니는 중생과 허공을 떠도는 영혼을 제도하기 위해서 친다. 원래는 중국의 선종 사찰에서 부엌 등에 달아 놓고 대중에게 끼니때를 알리기 위해 쳤다고 한다.

목어는 나무를 물고기 모양으로 깎아 만든 것으로, 배 부분을 파내어 두 개의 나무막대기로 두드려서 소리를 낸다. 목어는 물에 사는 중생을 제도하기 위해서 친다. 또한 늘 눈을 뜨고 있는 물고기처럼 수행자는 게으름 피우지 말고 부지런히 정진해야 한다는 뜻도 담고 있다.

범종은 천상과 지옥의 중생을 제도하기 위해 친다. 아침 예불, 저녁 예불과 사찰의 큰 행사 때 사용하는데, 아침에는 스물여덟 번, 저녁에는 서른세 번을 친다. 정오 때 열두 번 치는 사찰도 있다.

2) 신행 생활 속 주요한 법구

(1) 목탁

의식을 집전할 때 가장 많이 쓰는 법구다. 대중을 모을 때 신호용으로 사용하기도 한다. 목탁은 목어가 변형된 것으로 보는데, 목어와 마찬가지로 게으름을 경계하는 의미를 담아 물고기 모양을 하고 있다.

(2) 죽비

선방 등에서 수행자를 지도할 때 사용하는 법구로, 중국 선원에서 처음 사용하였다. 통 대나무를 두 쪽으로 갈라 손으로 쳐서 소리를 낸다. 이 소리에 따라 공양을 하기도 하고, 절을 하기도 하고, 참선에 들어가거나 나오기도 한다.

목탁

(3) 발우

발우는 부처님 당시부터 출가 수행자가 공양할 때 쓰던 밥그릇이다. 발(鉢)은 비구가 쓰는 밥그릇을 뜻하는 산스크리트 파트라(pātra)를 음역한 발다라(鉢多羅)의 약칭이고, 우(盂)는 한자로 그릇이라는 뜻이다. 각자 자기가 먹을 수 있는 양에 따라 공양하는 그릇이라는 뜻으로 응량기(應量器)라고 하기도 한다.

발우는 단순한 밥그릇이 아니라 자기의 양대로 받아서 음식을 남기지 않고 먹음으로써 탐심을 줄이고 수행에 몰입할 수 있도록 돕는 수행 도구다. 수행자들의 식사는 맛으로 하는 것이 아니라 수행의 한 과정으

죽비

발우

9장 수행과 전법, 그리고 문화가 살아 있는 사찰은 어떤 곳인가

요령

염주

로 행하기 때문에 발우 공양은 청정과 평
등을 상징한다.

(4) 요령

요령은 의식을 집전할 때 스님들이 사
용하는 법구다. 진언을 외울 때나 불보살
님을 모실 때, 천인 또는 영가를 부를 때
사용한다. 본래 요령은 밀교 계통에서 사
용하는 법구였는데, 이것이 북방 계통의
사찰로 전해져 지금은 의식 때 없어서는
안 될 중요한 법구로 자리 잡았다.

(5) 염주

염주는 부처님께 기도하거나 절을 하
면서 참회할 때 그 횟수를 세기 위해서
사용하는 것으로, 불자들이 반드시 지녀
야 할 법구이다. 염주 알은 보통 108개로 되어 있는데, 108은 중생
이 가지고 있는 번뇌의 수 등을 나타낸다.

본래 부처님의 깨달음을 상징하는 보리수 열매로 만들었으나,
지역에 따라 독특한 나무로 만들거나 율무 열매, 용안주, 금강주를
비롯한 다양한 보석으로도 만든다.

특히 손목에 차는 염주는 단주라고 한다.

실천과제

- 사찰의 의미와 전통사찰이 지니고 있는 문화적 가치에 대해서 가족이나 주변 사람들에게 설명해 주는 시간을 갖는다.
- 정기적으로 사찰 순례를 진행하고 그 내용을 기록으로 남겨 본다.
- 사찰을 순례하여 그 경험을 토대로 사찰 문화와 관련된 새로운 이야기(에피소드)를 만들어 본다.

10장

부처님과 보살님은
어떤 모습을 하고, 어떤 역할을 하나

불상의 마음과 그 상징물

강진 무위사
극락보전 목조 관음보살상
(ⓒ문화재청)

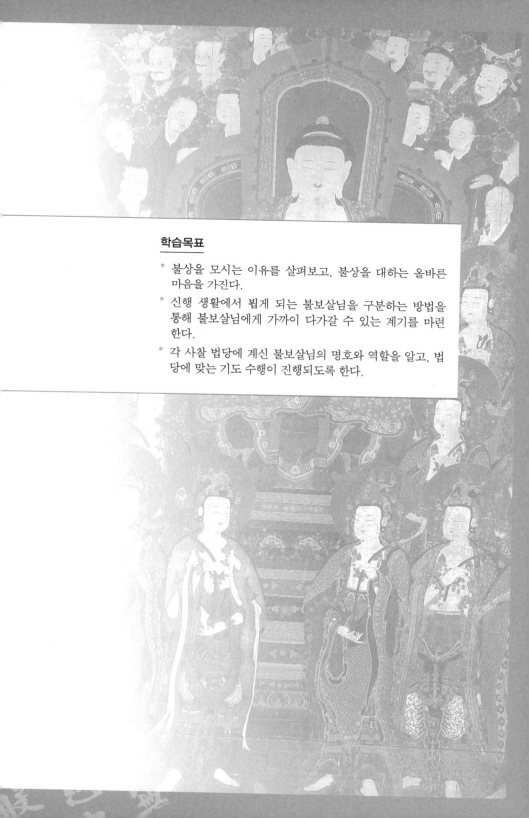

학습목표

* 불상을 모시는 이유를 살펴보고, 불상을 대하는 올바른 마음을 가진다.
* 신행 생활에서 뵙게 되는 불보살님을 구분하는 방법을 통해 불보살님에게 가까이 다가갈 수 있는 계기를 마련한다.
* 각 사찰 법당에 계신 불보살님의 명호와 역할을 알고, 법당에 맞는 기도 수행이 진행되도록 한다.

01 불상을 대하는 마음가짐

"만약 어떤 사람이 부처님을 위하는 까닭으로 여러 형상을 건립하
며, 조각하여 여러 불상을 이루면 이는 다 이미 불도를 성취했느니
라. (…) 심지어 아이들이 장난으로 초목 또는 붓을 써서 혹은 손톱
으로써 불상을 그려도 이와 같은 모든 사람은 점점 공덕을 쌓아서
대비심을 구족하여 다 이미 불도를 성취했느니라."

– 『법화경』, 「방편품」

1) 부처님에 대한 존경과 그리움으로 불상을 모시다

불상이란 불자들의 예배 대상이 되는 부처님과 보살님 등의 모습
을 눈에 보이는 형상으로 만든 것이다. 석가모니 부처님께서 열반
에 드신 후 부처님에 대한 사무치는 그리움과 부처님에 대한 신앙
심을 드러내려는 마음이 바탕이 되어 어떤 형태로서의 부처님을
만들게 되었다.

그런데 부처님이 열반에 드신 이후 바로 불상이 조성된 것은 아

니다. 열반에 드신 후 약 500년 동안은 부처님의 형상 대신 보리수, 법륜, 탑 등을 예배의 대상으로 삼았다. 부처님의 모습을 인간의 모습으로 한정할 수 없고, 형상에 머물지 말라는 부처님 가르침 등 불상을 조성하지 않았던 이유가 있었다. 그러다가 1세기 무렵 부처님 형상을 조성하기 시작하였는데, 그 당시 인도에 헬레니즘 문화가 들어와서 융성하였고, 인도 자체 문화에서도 신앙의 대상을 형상화하는 문화가 일어나는 등 불상에 대한 인식의 변화가 있었기 때문이다. 이러한 문화적 배경과 부처님에 대한 간절한 마음으로 드디어 불상을 조성하게 되었다.

불상의 모습은 시대와 지역의 문화에 따라 조금씩 차이가 난다. 조성 당시 사람들의 염원이 담겨 있기 때문이다. 그래서 인도에서 불상을 조성할 때는 그 시대의 가장 아름다운 청년의 모습을 담고 있기도 하였다. 우리나라의 경우, 부처님의 자비 공덕을 넉넉한 신체로 나타내거나 부처님을 닮아 가려는 민초들의 모습으로 나타내기도 하였다. 오늘날에는 현대 감각에 맞게 부처님을 모시기도

32상 80종호

부처님 모습을 상호(相好)라고 한다. 부처님께서 가지고 계신 신체적 특징인 32상(相) 80종호(種好)에서 나온 말이다.

부처님께는 두드러지게는 32가지, 세부적으로는 80가지 신체적 특징이 있다. 그래서 부처님의 형상을 모실 때는 그런 신체적 특징을 고려하여 모신다. 금색의 몸이기에 금빛으로 모시고, 미간 사이에 흰털이 있기에 백호를 표현하고, 소라 모양의 머리카락이셨기에 나발을 나타내고, 정수리가 주먹처럼 우뚝하기에 육계를 나타낸다.

한다.

넓은 의미에서는 부처님뿐만 아니라 보살, 신장, 나아가 조사 스님의 상까지 포함하여 불상이라고 한다. 그러나 세부적으로 구분하면 여래상, 보살상, 신장상, 나한상, 조사상이라고 한다.

여래상은 머리 모양이 나발 형상을 하고 있다. 나발은 부처님의 신체적 특징으로서 소라 모양의 머리카락을 말한다. 보살상은 머리에 보관을 쓰고 있으며, 목걸이, 귀걸이 등의 장신구를 하고 있다. 단 지장보살은 보관을 쓰고 있지 않고, 삭발하거나 두건을 쓴 모습으로 나타낸다. 신장상은 무장한 장군의 모습이고, 나한상은 삭발한 수행자의 모습, 조사상은 스님 모습이다.

한 장소에 불보살님을 한 분만 모신 경우도 있고, 여러 분을 같이 모신 경우도 있다. 그리고 불상이 취하고 있는 자세에 따라 입상, 좌상, 와상 등으로 나눈다. 입상(立像)은 서 있는 모습, 좌상(坐像)은 앉아 있는 모습, 와상(臥像)은 누워 있는 모습을 한 불상이다. 특히 와상은 대부분 석가모니 부처님께서 꾸시나라에서 모로 누워 열반에 드신 모습을 형상화한 열반상이다.

2) 부처님께 예배 공양하여 위없는 도를 얻다

불상은 단순한 형상이 아니라 예배와 공경의 대상이다. 부처님의 자비로운 모습을 아름다운 형상으로 조성하여 예배드리고자 하는 신앙적 염원에서 만들어진 것이다.

여기서 말하는 신앙적 염원이란 불보살님의 가피를 통해 불보살님의 지혜와 자비가 충만하기를 기원한다는 말이다. 그리고 불보살님의 가르침에 따라 실천하고자 하는 다짐의 의미도 있다. 우리는 이러한 불상에 귀의하고 신앙의 대상으로 섬김으로써 그 안에 살아 있는 부처님의 마음과 접하게 된다. 그러한 과정을 거쳐서 부처님의 큰 지혜와 자비는 내 마음속에 고요히 차오른다. 그렇기 때문에 우리는 불상에 절을 한다.

내용과 형식은 함께 간다. 불교는 마음공부라고 하지만 마음은 눈에 보이지 않는다. 보이지 않는 마음을 '닦아라' 하거나 '네 마음속의 부처님을 찾아라' 하면 초심자들에게는 뜬구름 잡는 것이나 다름없다. 따라서 내용을 채우기 위한 형식, 즉 보이지 않는 마음을 다스리기 위한 보이는 무언가가 필요하다. 부처님이 계시지 않을 때 부처님 형상을 모셔 놓고 그 마음을 달랬던 부처님 당시의 우데나 왕처럼, 대승불교가 일어날 때 부처님에 대한 간절한 신앙적 염원으로 부처님 형상을 모셨던 것처럼, 보이는 부처님 형상을 보며 하염없이 자신을 낮추어 갈 때 부처님 형상은 보이지 않는 마음을 다스릴 수 있는 근거가 된다.

이때 불상은 우상이 아니라 바른 길을 찾아가게 하는 부처님의 자비로운 가르침이자 불보살님의 화현이다. 우상은 형상을 말하는 것이 아니라, 형상으로 모시든 마음속으로 그리든 그것을 실체화하고 무조건적으로 절대시하는 것을 말한다. 하지만 보이는 부처님 형상을 통해서 보이지 않는 내 마음의 부처님을 찾아가게 된다면 이때 불상은 돌이나 나무로 만든 형상이 아니라 바른 길을 안내해 주는 또 한 분의 부처님이다. 만약 그 바깥 형상에만 머문다면 부처님의 가르침을 제대로 받아들였다고 볼 수 없다.

『증일아함경』에서는 "만약 부처님께 예배하려 하거든 (…) 모두 공(空)한 법이라 관찰하여라."라고 하였다. 부처님 형상을 모시는 것도 공덕이 있고, 불단에 앉아 계신 부처님께 예를 올리는 것도 의미가 있겠지만, 이러한 불사와 예를 통해 안으로 이 마음을 살펴 세상의 모습을 바르게 보라는 가르침이 담겨 있다. 그리고 『법화경』 등의 경전에서는 부처님 형상을 모셔서 차츰차츰 공덕을 쌓게 되고 대비심을 갖추어 깨달음을 얻게 된다고 하였다. 이 경전 말씀 또한 부처님 형상을 조성한 공덕만이 아니라 이후 수행 정진한 결과 깨달음을 얻게 된다는 가르침으로 이해할 수 있다. 그 깨달음은 중생과 함께하는 실천으로 이어진다.

이러한 불자의 길은 간절한 마음으로 자신을 낮추어 부처님께 예를 올림으로써 시작된다.

> "혹 어떤 사람은 예배하되 혹 합장하거나 손 하나만 들며, 혹 다시 머리를 조금 굽혀서 이로써 불상에 공양하면 점점 한량없는 부처님을 친견하며, 스스로 위없는 도를 성취하여 널리 한량없는 중생을 제도하여 열반에 들리라."
> – 『법화경』, 「방편품」

02 불보살님을 만나는 기쁨

부처님이 이끄시고 보살님네 살피시와

고통바다 헤어나서 열반언덕 가사이다.

－「이산 혜연 선사 발원문」

1) 불보살님 알아보기

불교에는 천불, 만불이라는 표현처럼 수많은 부처님과 보살님이 등장한다. 모든 중생이 불성을 갖추고 있기 때문에 석가모니 부처님 한 분만 있을 수는 없다. 과거에도 수많은 부처님이 계시고, 현재에도 수많은 부처님이 계시며, 미래에도 수많은 부처님이 계시다. 또한 중생의 발원이 다양하기 때문에 중생의 염원에 응답하는 불보살님의 모습도 다양하게 나타난다.

그 많은 부처님을 어떻게 알고 신행 생활을 할까 걱정될지도 모른다. 그러나 신행 생활에서 만나는 불보살님은 몇 분 되지 않는다. 조금만 관심을 가지면 신행 생활에서 만나는 불보살님을 그리

어렵지 않게 알 수 있다. 우리가 흔히 절에서 접하는 불보살님은 채 스무 분도 되지 않지만, 그래도 그 부처님이 그 부처님 같고, 그 보살님이 그 보살님 같다. 각각의 부처님과 보살님이 어떤 분인지 그 이름을 알 수만 있어도 더욱 신심이 날 것이다.

불교에서는 불보살님의 특정한 이름을 명호(名號)라고 부른다. 이 명호를 알 수 있는 방법이 몇 가지 있다.

첫 번째 방법은 법당에 걸린 현판을 보는 것이다. 문패에 '홍길동'이라고 적혀 있으면 그 집에 홍길동이 살고 있듯이, 현판을 보면 그 법당의 주된 불보살님이 어떤 분인지 어느 정도 알 수 있다. 대웅전이면 대부분 석가모니 부처님이, 관음전이면 관세음보살이 계신다.

두 번째 방법은 부처님의 손 모양인 수인(手印)을 비롯한 여러 특징을 살펴보는 것이다. 인도에서는 예전부터 섬세한 손 모양으로 특정한 사건을 묘사하거나 진리가 전개되는 모습을 표현하였다. 불교에서도 특정한 모양의 수인이 교리적으로 중요한 의미와 연관되어 있다. 그렇기 때문에 수인과 부처님의 명호 역시 상당한 관련이 있어서 수인을 보면 어느 정도 부처님 명호를 알 수 있다.

세 번째 방법은 함께 모셔진 불보살님을 살펴보는 것이다. 법당에는 불보살님이 홀로 계신 경우도 있지만, 세 분이 함께 계시는 경우가 많다. 세 분의 불보살님이 모셔진 경우를 삼존불(三尊佛)이라 하는데, 이 경우 부처님의 성격에 따라 특정한 보살님이 함께 모셔져 있다. 가령 아미타 부처님은 관세음보살과 대세지보살(또는 지장보살)을 함께 모신다.

　네 번째 방법은 부처님을 알아보는 제일 중요한 방법이다. 바로 그 부처님을 모셨거나, 현재 모시고 있는 대중의 염원이다. 이런저런 근거에 따라 그 부처님을 특정 부처님으로 규정하려 하지만, 그보다는 그 부처님을 모신 대중의 마음이 중요하다. 학자들도 부처님의 상호 등 여러 근거를 통해 부처님 명호를 규정하지만, 기록이 남아 있으면 그것을 우선한다고 한다. 우리는 교과서를 통해 보편적인 지식을 배우지만 현장은 가끔 교과서와 다른 경우가 있다. 알고 있는 지식을 내려놓으면 현장의 이야기를 들을 수 있을 것이다.

2) 법당과 불보살님

불상은 야외에 모시는 경우도 있지만, 대부분은 법당 안에 모신다. 법당은 안에 모신 불보살님에 따라 각각 이름이 다르다. 반드시 그런 것은 아니지만 보통 '대웅전', '원통전', '나한전'처럼 불교 교리와 신앙에 의거하여 부처님과 보살님 등을 모신 경우 전(殿)이라 하고, '칠성각', '산신각', '삼성각'처럼 토속 신앙이 사찰 안으로 들어와 모셔진 경우 각(閣)이라 한다.

(1) 대웅전(大雄殿)

　석가모니 부처님을 본존불로 모신 법당이다. 대웅전은 '세상을 밝히는 영웅을 모신 전'이라는 뜻이다. 『법화경』에서 석가모니 부처님을 위대한 영웅, 즉 대웅이라 일컬은 데서 유래한다. 대웅전을

수덕사 대웅전

격을 높여 대웅보전(大雄寶殿)이라고 부르기도 한다.

석가모니 부처님의 좌우에는 문수보살과 보현보살을 모시거나 관세음보살과 지장보살을 모시는 경우도 있다. 또는 석가모니 부처님 좌우에 동방유리광 약사여래 부처님과 서방정토 아미타 부처님을 모시거나, 과거불인 연등 부처님, 미래불인 미륵 부처님을 모시기도 한다.

석가모니 부처님은 선정인, 항마촉지인, 전법륜인, 시무외인과 여원인, 천지인 등의 수인을 하고 계신다.

선정인(禪定印)이란 선정에 든 부처님 모습을 보여 주는 손 모양으로 양손을 주발처럼 포갠 형태다. 항마촉지인(降魔觸地印)은 마왕 파순의 항복을 받기 위해 땅의 신에게 당신의 수행 공덕을 증명해 보이라는 뜻으로 땅을 가리키셨던 데서 유래한 수인으로, 오른손으로 땅을 가리키는 모양이다. 전법륜인(轉法輪印)은 부처님께서 설법하는 모습을 나타낸 수인이다. 시무외인(施無畏印)과 여원인(與願印)은 중생의 두려움을 없애 주고 자비를 베풀어 중생이 원하는 바를 달성해 주는 수인이다. 이 밖에 천지인(天地印)은 아기 부처님이 탄생 직후 "천상천하 유아독존"이라 말하며 취한 수인이다. 아기 부처님의 얼굴로 오른손은 하늘을 가리키며 왼손은 땅을 가리키는 모습을 하고 있다.

모든 부처님이 대웅이자, 대웅전이 사찰의 중심 법당이라는 의미도 있기 때문에 대웅전에는 석가모니 부처님 이외에 비로자나 부처님, 아미타 부처님 등 다른 부처님을 본존불로 모시는 경우도 있다.

(2) 대적광전(大寂光殿)

대적광전의 본존불은 아름다운 연화장(蓮華藏)세계의 교주이신

연등 부처님의 연등은 산스크리트로 디팡카라(Dīpaṃkara)이며 '등불을 켠다'는 뜻이다. 이를 제화갈라라고 음역한다. 연등 부처님은 석가모니 부처님의 전생 중 보살로 살아갈 때 깨달음의 불꽃을 지펴 주셨다. 따라서 현재의 석가모니 부처님 좌우로 과거의 제화갈라보살과 미래의 미륵보살을 모시기도 한다.

10장 부처님과 보살님은 어떤 모습을 하고, 어떤 역할을 하나

비로자나 부처님이다. 대적광이란 『화엄경』의 연화장세계가 대적정 (大寂定)의 세계라는 뜻에서 비롯되었다. 대적정이란 '고요하고 고요하다'는 뜻으로 모든 번뇌가 사라진 지극히 평화로운 열반을 말한다. 연화장세계는 비로자나 부처님의 과거 원력과 수행으로 꾸며진 깨달음의 세계이고, 비로자나는 광명을 말한다. 따라서 고요하고 고요한 가운데 진리의 빛이 가득한 세계라 하여 대적광전이라 부른다. 『화엄경』을 근거로 한다 하여 화엄전이라고 하기도 하고, 비로자나 부처님을 모신다는 뜻에서 비로전이라고 부르기도 한다.

비로자나 부처님의 수인은 지권인(智拳印)이다. 왼손의 검지를 오른손으로 거머쥔 모습이다. 이치와 현상이 둘이 아닌 하나임을 상징한다.

대적광전에는 비로자나 부처님을 중심으로 한 삼신불(三身佛)을 모신다. 즉 청정법신 비로자나 부처님, 원만보신 노사나 부처님, 천백억화신 석가모니 부처님이다. 노사나 부처님 자리에 아미타 부처님을 모시기도 하는데, 노사나 부처님이 관세음보살처럼 보관을 쓰고 있는 경우도 있다.

(3) 극락전(極樂殿)

서방정토 극락세계의 아미타 부처님을 모신 법당이다. 서방정토는 여기에서 서쪽으로 십만억의 불국토를 지나 있는 세계로, 괴로움이 없고 즐거움만 있다 하여 극락이라 한다.

법장 비구는 임금의 지위와 부귀를 버리고 출가하여, 중생을 제

해인사 대적광전의 외부와 내부 모습

10장 부처님과 보살님은 어떤 모습을 하고, 어떤 역할을 하나

통도사 극락전 내부 모습과
외벽의 반야용선도

도하겠다는 원을 세우고 온갖 행을 다 닦아 마침내 부처님이 된 분으로, 그분이 바로 아미타 부처님이다. 우리가 흔히 염하는 '나무아미타불'이란 말이 아미타 부처님께 귀의한다는 뜻이다. 아미타 부처님은 중생의 염원을 듣고서 극락으로 인도하여 자비를 베푸신다.

아미타 부처님의 광명이 끝이 없어 백천억 불국토를 비추고, 수명이 한량없어 백천억 겁으로도 셀 수 없다 하여 극락전을 무량수전(無量壽殿)이라고도 한다. 또는 주불의 이름을 따라 미타전(彌陀殿)이라고도 한다.

아미타 부처님은 아홉 가지 극락세계의 종류에 따라 아홉 가지 수인을 하고 있는데 이를 아미타구품인(阿彌陀九品印)이라 한다.

아미타 부처님 좌우로는 관세음보살과 대세지보살(또는 지장보살)을 모시는데, 관세음보살의 보관에는 아미타 부처님이, 대세지보살의 보관에는 보병이 새겨져 있다.

(4) 약사전(藥師殿)

동방 유리광정토 극락세계에 계신 약사여래 부처님을 모신 전각

아미타 부처님을 산스크리트로 아미타 붓다(Amitā Buddha)라고 한다. 여기서 아미타란 '자로 젤 수 없다', '계산할 수 없다'는 의미로 한계가 없이 무한하다는 의미다. 아미타 붓다는 아미타바 붓다(Amitābha Buddha) 혹은 아미타유스 붓다(Amaitāyus Buddha)로도 쓴다. 이때 '아미타바'는 '한량없는 빛'을, '아미타유스'는 '한량없는 수명'을 의미한다. 그래서 전자를 무량광불(無量光佛), 후자를 무량수불(無量壽佛)이라 부른다.

이다. 약사여래 부처님은 현세를 살아가는 모든 중생의 재난과 질병을 없애고 부처님의 지혜를 얻게 하고자 자비를 베푸시는 부처님이다.

약사전은 만월보전(滿月寶殿), 유리광전(琉璃光殿)이라고도 부른다. 극락정토의 땅은 유리라는 보석으로 되어 있고, 약사여래 부처님께서 이루신 세계가 보름달 같은 만월세계라는 데서 유래한 이름이다.

약합(약그릇)을 들고 계신 약사여래 부처님 좌우로는 일광보살과 월광보살을 모신다.

(5) 미륵전(彌勒殿)

미래의 부처님이신 미륵 부처님을 모신 법당이다. 미래에 미륵 부처님이 제도하는 세계가 '용화세계'이기 때문에 용화전(龍華殿)이라고도 하고, 미륵 부처님이 의미하는 사랑, 자비에서 '자(慈)'를 따와 자씨전(慈氏殿)이라고도 부른다.

(6) 팔상전(八相殿), 영산전(靈山殿)

석가모니 부처님의 전체 일생 또는 수많은 대중에게 설법하는 극적인 광경을 기리는 건물이 팔상전과 영산전이다. 석가모니 부처님의 일생을 여덟 폭으로 나누어 그린 그림인 팔상도를 봉안한 법당을 팔상전이라 한다. 영산전은 부처님께서 설법하셨던 영축산에서 유래한 이름이다. 팔상전과 영산전은 같은 의미를 가진 법당

① ○
② ○
③ ○

① 장곡사 하대웅전에 모셔진
  약사여래 부처님
② 금산사 미륵전에 모셔진
  미륵 부처님(가운데)
③ 법주사 팔상전에 모셔진
  팔상도

273
10장 부처님과 보살님은 어떤 모습을 하고, 어떤 역할을 하나

설악산 봉정암 적멸보궁

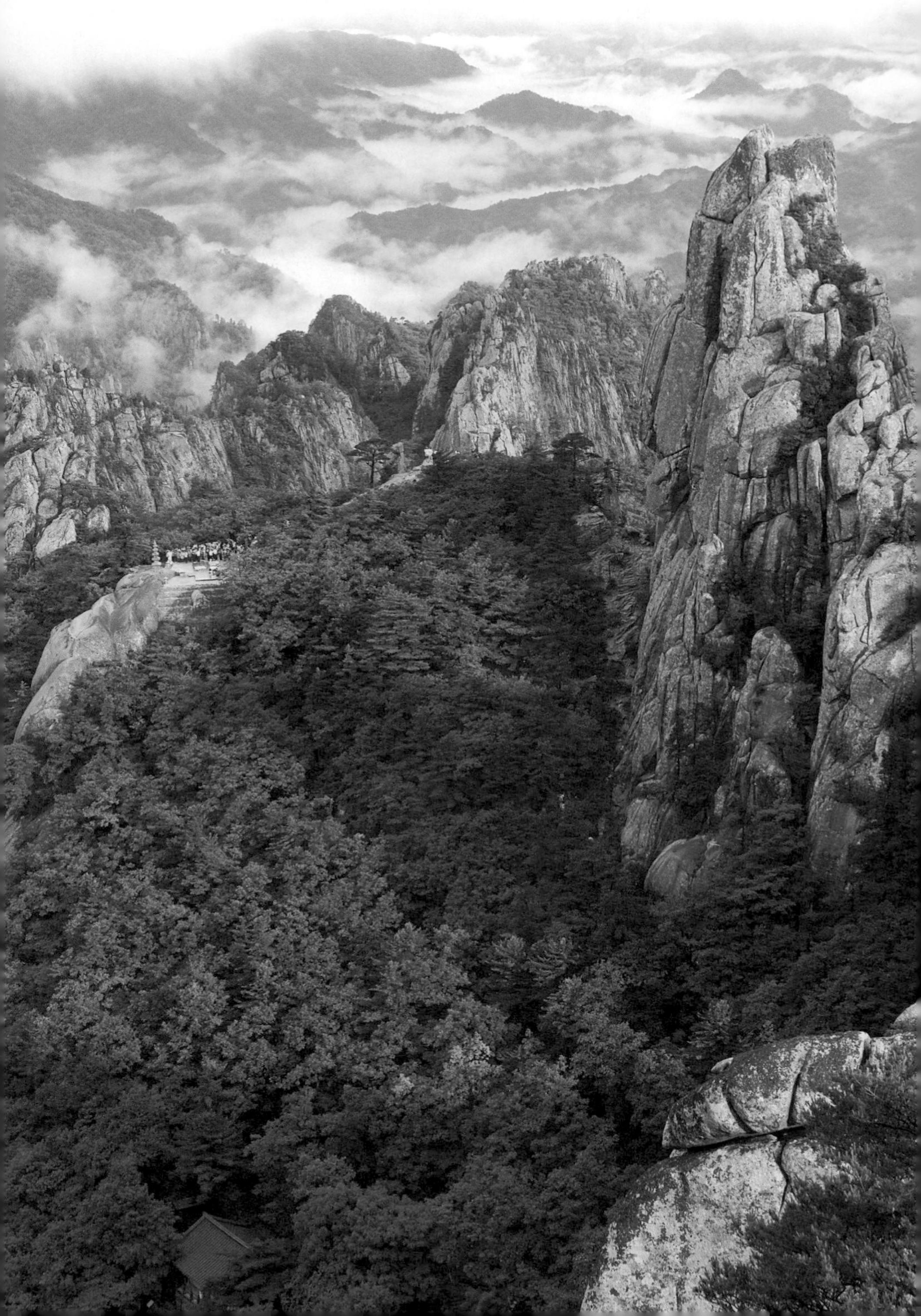

이기도 하지만, 그 의미를 달리 여겨 각각 별도의 법당이 있는 사찰도 있다. 따라서 팔성전과 영산전은 부처님의 지혜와 복덕이 가득하고 부처님의 가르침이 이 순간에도 전해지는 법당이다.

석가모니 부처님을 중심으로 좌우에 제화갈라보살과 미륵보살을 모시거나 마하가섭존자와 아난존자를 모신다.

(7) 적멸보궁(寂滅寶宮)

석가모니 부처님의 진신사리(眞身舍利)를 봉안한 전각이다. 부처님 입적 후 부처님의 공덕이 수많은 사리로 나타났다. 사리는 산스크리트 사리라(śarīra)에서 나온 말로 신체 또는 유골을 뜻하지만, 불교에서는 부처님의 사리를 신앙의 대상으로 모시고 부처님의 가르침과 가피를 구하고자 한다. 그래서 부처님의 사리는 자비로운 부처님이자 부처님의 가르침을 의미한다.

사리는 부처님의 '진실된 몸'이라 하여 진신사리라고 하는데, 이런 의미로 진신사리가 있는 곳에는 항상 석가모니 부처님이 계신다고 본다. 그래서 진신사리를 모신 법당 불단에는 수미좌(방석)만 두고 별도의 부처님 형상을 모시지 않는다.

우리나라에는 양산 통도사, 오대산 중대 사자암, 사자산 법흥사, 태백산 정암사, 설악산 봉정암 등 5대 적멸보궁을 비롯하여 여러 사찰에 적멸보궁이 있다.

(8) 관음전(觀音殿)

관세음보살(관음보살)을 모신 전각으로서 원통전(圓通殿)이라고
도 한다. 관세음보살은 모든 곳에 두루 통하여 그 능력이 미치지
못하는 곳이 없기에 원통대사라고도 하기 때문이다. 또 관세음보
살이 계신 곳이 보타락가산이기에 보타전(寶陀殿)이라고도 한다.

관세음보살 가운데 42개의 손을 가진 분, 천 개의 손과 천 개의
눈을 가진 분, 11개의 얼굴을 가진 분이 있다. 이러한 많은 손과 눈
과 얼굴은 중생들의 다양한 소원을 해결해 주기 위한 방법과 지혜
를 나타낸다. 그리고 중생의 기도에 응하여 여러 모습으로 나타나
중생을 제도하기에 32응신 또는 33응신이라고 한다.

'나무아미타불 관세음보살'이라는 말이 귀에 익은 것처럼, 관음

낙산사 원통보전

신앙은 우리나라 대표적인 불교 신앙 가운데 하나이다.

(9) 지장전(地藏殿)

선운사 도솔암 지장보살상

지장전은 지장보살을 모신 전각이다. 지장보살이 명부세계에서 중생들을 구제하기 위해 애쓰시고 있기 때문에 '명부전(冥府殿)'이라고도 하며, 시왕(十王)들이 명부에서 심판을 담당하기 때문에 '시왕전'이라고도 한다. 명부는 죽어서 다음 생에 어디로 갈지 심판을 받는 곳으로 흔히 저승이라고 한다. 시왕은 죄의 경중을 정하는 염라대왕을 비롯한 열 명의 왕이다.

지장보살은 다른 보살과 달리 보관을 쓰지 않고 삭발한 모습이거나 두건을 두른 모습으로 표현한다. 지장보살은 미륵 부처님이 오시기 전까지 지옥 중생을 비롯하여 이 땅의 중생을 제도하고자 발원하신 분이다. 그래서 현세 중생과 내세 중생 모두에게 자비를 베푸는 보살이다. 그런데 『지장경』에 지옥에 대한 내용과 영가 천도 등의 이야기가 언급되어 있기 때문에 내세 신앙적인 성격이 강하다. 그렇지만 지난 삶을 참회하고 보살의 가피를 구하고자 한다면 지장보살을 염하여도 좋다.

(10) 나한전(羅漢殿)

석가모니 부처님의 제자 가운데 아라한과를 성취한 성자들을 모신 법당이다. 아라한이란 깨달음을 얻은 성자를 말하는데, 나한은 아라한의 준말이며 진리와 상응했다 하여 응진(應眞)이라고도 한다. 그래서 나한전을 응진전이라고도 부른다.

아라한은 석가모니 부처님으로부터 불법을 지키고 중생을 구제하라는 임무를 위임받았다. 그리하여 여러 신통을 갖추고 널리 중생을 구제하는 성자로서 불교 신앙 깊숙이 자리하고 있다.

나한전에는 석가모니 부처님을 중심으로 좌우에 마하가섭존자와 아난존자를 모신다. 그리고 그 주위에 웃고, 졸고, 등을 긁는 등 자유자재한 모습의 나한이 자리한다. 이렇게 표현된 나한의 수에 따라 16나한, 18나한, 500나한 등으로 부르며, 대부분 삭발한 모습을 하고 있다.

(11) 대장전(大藏殿)

경전이나 경전을 인쇄하기 위한 목판을 모신 법당이다. 부처님 가르침인 경전은 불·법·승 삼보 가운데 법보이기에 법보전(法寶殿)이라고도 하며, 경판을 모셨기에 판전(板殿)이라고도 한다. 팔만대장경을 모신 해인사의 경우에는 장경각(藏經閣)이라고 하는데, 모든 경문을 담고 있기 때문에 장경이라고 이름 붙인 것이다.

보통 대장전 중앙에는 진리 그 자체를 의미하는 법신불인 비로자나 부처님을 모시거나 중생을 위해 법을 설하시는 석가모니 부

은해사 거조암 영산전 안에 모셔진 나한상

해인사 장경각

10장 부처님과 보살님은 어떤 모습을 하고, 어떤 역할을 하나

월정사 개산조각
월정사를 창건한 자장 율사의 진영을 모셨다.

처님을 모신다.

(12) 조사당(祖師堂)

한 종파를 세운 스님이나 후세에 존경받는 큰스님, 그리고 창건
주나 역대 주지스님의 영정 또는 위패를 모신 당우(堂宇)다. 나라
의 스승이 되는 국사(國師)가 배출된 절에는 조사전 대신 국사전이
있다. 큰스님들의 가르침을 기리고자 다례재를 여는 사찰도 있다.

(13) 삼성각(三聖閣)

삼성각은 우리 고유의 토속신들, 즉 칠성, 독성, 산신 등을 모신
전각이다. 그 외에 용왕을 모신 경우도 있다. 그분들을 따로 모실

통도사 삼성각

10장 부처님과 보살님은 어떤 모습을 하고, 어떤 역할을 하나

때는 모셔진 분들에 따라 각각 칠성각, 독성각, 산신각이라고 부르며 주로 법당의 뒤쪽에 있다.

칠성이란 북두칠성을 일컫는다. 칠성탱화를 보면 치성광 부처님을 중심으로 좌우에 도합 일곱 분의 부처님이 자리하고 있다. 치성광 부처님을 비롯한 일곱 부처님은 자손에게 만덕을 주고 온갖 재난과 장애, 그리고 업보를 소멸시키고 수명을 오래도록 연장해 주신다. 따라서 칠성각에서는 자녀의 무병장수와 만덕 기원, 그리고 독신 남녀의 인연 공덕을 기원하기도 한다.

독성은 말세 중생을 제도하기 위해 홀로 남아 수행 중에 계신 성자로서 나반존자라고 부른다. 나반존자는 말세 중생을 구제하기 때문에 말세 중생이 복덕을 구하고 힘을 얻고자 찾게 되는 곳이 독성각이다.

치성광여래도(ⓒ국립중앙박물관)

치성광(熾盛光) 부처님은 유별나게 밝은 빛을 방출하여 해와 달, 그리고 별과 그 별이 머무는 자리〔日月星宿〕 등 빛을 발하는 여러 신들을 다스리고 명령하여 중생을 보살피는 부처님이다. 치성광여래는 밤하늘의 북극성을 의인화한 부처님이며, 일곱 분의 부처님은 북두칠성을 의인화한 것이다. 안양 삼막사 칠성각의 치성광여래가 유명하다.

산신은 독성과 비슷한 모습이지만 호랑이와 함께 한다. 예로부터 농사 등 우리의 삶을 보살펴 주는 이가 산신이라고 생각하였다. 지금도 산신은 재난을 없애 주고 풍요를 약속하며 복을 주는 분으로 여겨지고 있다.

실천과제

• 불상을 모신 이유나 예배하는 이유를 명확하게 인지하고, 신심 있는 신행 생활을 이어나간다.
• 재적 사찰의 불보살님에 대해 자신 있게 설명할 수 있는 능력을 갖춘다.

11장

대한불교조계종의 불자는 무엇을 알고 실천해야 하는가

대한불교조계종의 가치와 지향

사부대중 100인 대중공사의 모습
(ⓒ대한불교조계종 사부대중 100인 대중공사)

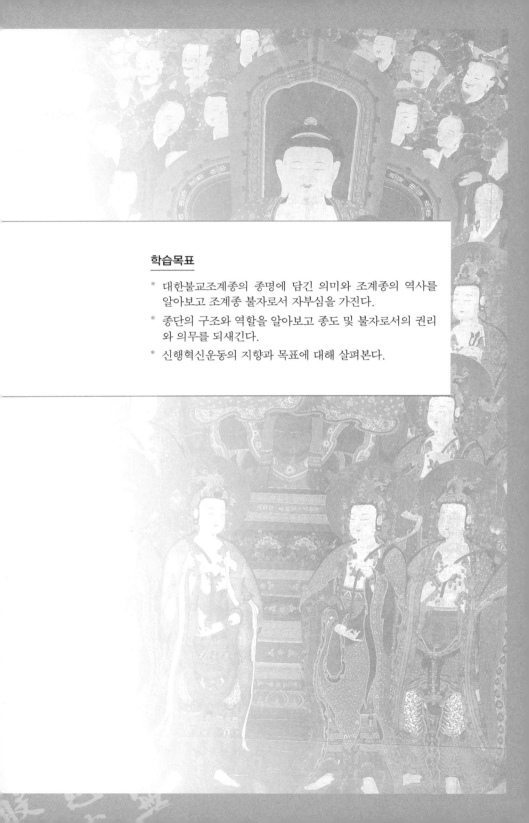

학습목표

* 대한불교조계종의 종명에 담긴 의미와 조계종의 역사를
  알아보고 조계종 불자로서 자부심을 가진다.
* 종단의 구조와 역할을 알아보고 종도 및 불자로서의 권리
  와 의무를 되새긴다.
* 신행혁신운동의 지향과 목표에 대해 살펴본다.

01 대한불교조계종이라는 이름의 의미

마음에서 마음에 전하는 법이 그 무슨 법인가.

부처님이나 역대 조사가 오직 이것을 전함이로다.

조계산 꼭대기 둥근 달

만고에 그 광명 영원히 멸하지 않네.

  – 조계사 일주문 주련

1) 대한불교조계종이란

지금 우리가 신행 생활을 하고 있는 사찰은 '대한불교조계종 제○
교구 ○○사'이다. 이 말은 내가 다니고 있는 ○○사는 대한불교
조계종에 소속된 사찰이고, 그중에서도 제○교구에 소속되어 있다
는 의미다. 대한불교조계종은 이 나라에 있는 여러 종단 가운데 하
나지만, 단순한 하나의 종단이 아니다. 1,700년 한국불교의 전통과
정통을 이어받은 우리나라의 대표 종단이다.

대한불교조계종은 자타가 공인하는 오늘날 한국불교를 대표하

는 종단이며, 세계사에서 유례가 없는 자랑스러운 종단이다. 어떤 이유로 그렇게 말하는가. 몇 가지 특징을 들어보자.

대한불교조계종은 여러 종단 가운데 스님·신도·사찰 수 등 교세 면에서 최대일 뿐만 아니라, 1,700여 년 한국불교의 역사와 전통, 문화를 계승하고 있다. 국가 법률에 따라 사찰 재산을 종단이 소유하고 관리하는 유일무이한 단체이고, 그 재산을 국가가 아닌 교단이 자율적으로 운영한다. 또한 사찰 재산은 개인이 사유할 수 없고 교단 공동체의 재산으로서 공동으로 관리하고 있다.

또한 국가에 헌법과 법률이 있는 것처럼 종단에도 종헌과 종법이 있어서 이에 따라 종단을 운영한다. 종헌 종법에 의하면, 종단의 구성원은 출가자인 스님과 재가자인 신도로 이뤄지는데, 특히 출가자는 독신자인 청정한 비구와 비구니로 구성된다. 무엇보다 대한불교조계종은 선불교를 중심으로 여타의 부처님 가르침을 모두 아우르고 있다는 특징을 지닌다.

이처럼 대한불교조계종이 한국불교의 대표 종단으로서 그 이름이 널리 알려져 있기에, 오늘날 여러 종단에서 '○○조계종', '◇◇조계종'이라는 유사 이름을 사용하고 있다. '대한불교조계종'과 '○○조계종', '◇◇조계종' 등은 엄연히 다른 종단이다. 단순히 이름만 다른 것이 아니라 어느 스승의 가르침을 중심으로 하는가, 지향하는 신행 목표는 무엇인가, 의지하는 경전은 무엇인가 등등에서 많은 차이점이 있다.

2) 조계종이라는 이름의 유래

'조계종(曹溪宗)이라는 이름은 어디에서 왔는가?'라는 질문은 한 종파를 일으킨 어느 스승의 가르침을 중심으로 할 것인가라는 질문과 연결된다.

대한불교조계종은 선 수행을 중심으로 하는 종단으로서 중국 선종의 흐름과 그 맥을 같이한다. 따라서 그 뿌리를 찾아 올라가면, 중국 당나라 때의 육조 혜능(六祖慧能, 638~713) 스님까지 이어지게 된다.

선불교를 처음 연 초조(初祖) 달마(達磨) 스님 이후 6조가 되는 혜능 스님은 선종의 사상적 기초를 굳건히 다지면서 조사선(祖師禪)을 실질적으로 정착시켰다. 조사선이란 선의 등불을 밝히고 이어온 뛰어난 스승인 조사들이 전한 선이라는 의미로, 조사선은 중생이 본래 부처라는 사실을 에둘러 보여 주지 않고 단박에 일깨운다.

혜능 스님은 오늘날 중국 광저우 바로 위쪽에 있는 샤오관[韶關]의 보림사에서 가르침을 펼치셨는데, 그곳에는 두 개의 봉우리 사이에 커다란 계곡이 있었다. 혜능 스님이 이곳에서 9개월간 설법할 때 인근에 거주한 조숙량(曹叔良)이 공양을 올렸다. 그래서 조숙량의 성인 조(曹), 지형의 특성에서 나온 계(溪)라는 명칭을 사용하여 이 지역을 조계라고 일컫게 되었다. 훗날 보림사는 조계보림사로 불리게 되었고 조계는 혜능 스님을 가리키는 명칭으로 사용되었다. 따라서 조계라는 명칭은 혜능 스님의 법맥을 잇고 있음을 상징한다.

그러나 이 조계종이라는 종명은 중국에선 사용되지 않았다. 우리만이 선종을 도입하여 조계종이라 일컫는다. 우리나라 구산선문의 선사들은 혜능 스님의 가르침을 펼치고 열어 보이면서 조계, 즉 혜능 스님을 생명의 뿌리처럼 강조했다. 그래서 구산선문 전체를 조계종이라 부른 것이다. 따라서 이 '조계'라는 종명은 우리나라 선종의 주체적인 표현이라 할 수 있다.

대한불교조계종은 우리나라에 조사선을 처음 들여온 도의 국사를 종조(宗祖)로 모시고 있다. 도의 국사는 혜능 스님의 법을 이어받아 9세기 초 이 땅에 선의 뿌리를 내리게 했다. 다시 말해 도의 국사로 말미암아 부처님과 달마 스님, 혜능 스님 등으로 이어지는 법맥이 우리나라에 면면히 이어진 것이다.

3) 조계종의 종지와 소의경전

대한불교조계종이 지향하는 신행 목표, 다시 말해 종지(宗旨)는 무엇일까? 대한불교조계종의 종지는 다음과 같다.

> "본종은 석가세존의 자각각타(自覺覺他) 각행원만(覺行圓滿)한 근
> 본교리를 봉체하며, 직지인심(直指人心) 견성성불(見性成佛) 전법
> 도생(傳法度生)함을 종지로 한다."
> – 종헌 제2조

풀이하자면 자신의 깨달음과 더불어 타인을 깨닫게 하며, 그 깨

달음의 행위가 원만한 부처님의 근본 가르침을 받들어 체득하고, 자기 마음을 바로 보아 성불하고 법을 널리 전하여 중생을 이롭게 함이 조계종의 근본 뜻이라는 것이다.

석가모니 부처님의 근본적인 가르침이란 간단히 말해서 무아, 연기, 중도를 일컫는다. 법을 전하여 중생을 이롭게 한다는 것은 대승불교에서 말하는 보살의 삶을 뜻한다. 보살은 자기 완성과 사회 완성을 동시에 추구해 나가는 깨어 있는 불자다. 그러므로 참선을 통해 자신의 마음을 그대로 직시하여 본래 간직하고 있는 부처의 마음을 밝혀 본래 부처임을 확인하고 부처다운 삶을 살아가는 것, 바로 이것이 대한불교조계종의 신행 목표다.

그렇다면 대한불교조계종은 여러 경전 중에서 어떤 경전을 우리 종단의 불자들이 믿고 의지하는 으뜸 경전으로 뽑고 있으며 그 밖의 경전이나 수행법은 어떻게 보고 있는가? 이와 관련하여 종헌 제3조에서는 다음과 같이 말하고 있다.

"본종의 소의경전은 금강경과 전등법어(傳燈法語)로 한다. 기타 경전의 연구와 염불, 지주(持呪) 등은 제한치 아니한다."

대한불교조계종의 소의경전인 『금강경』은 마음을 잘 다스려 이 세상을 잘살아 나가는 방법을 간절하게 제시한다. 마음을 텅 비워, 어떤 견해나 자리에 머무르지 않고 열린 마음으로 보시하고 봉사하며 멋지게 행동하고 실천하는 보살의 삶을 보여 주고 있는 것

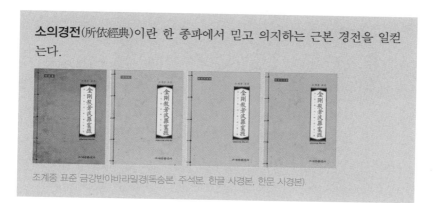

소의경전(所依經典)이란 한 종파에서 믿고 의지하는 근본 경전을 일컫는다.

조계종 표준 금강반야바라밀경(독송본, 주석본, 한글 사경본, 한문 사경본)

이다.

전등(傳燈)이란 전법과 같은 말로, 등이 차례로 켜져서 꺼지지 않고 이어지는 것처럼 법이 이어져 끊어지지 않는다는 뜻이다. 마음에서 마음으로 이어지는 전등법어는 석가모니 부처님으로부터 선법을 전해 받은 마하가섭존자를 비롯하여 역대 조사들의 가르침을 말한다. 전등법어 중에서 대표적인 것이 『육조단경』, 『마조록』, 『임제록』, 『벽암록』 등이다. 조계종은 조사선의 기반 위에 화두를 들고 참선 수행하는 간화선풍을 온전하게 전승하고 있는, 세계에서 보기 드문 종단이다.

하지만 조계종에서는 선법만 닦으라고 강조하지 않는다. 참선의 가르침을 으뜸으로 삼으면서도 다른 경전이나 염불, 다라니를 암송하는 지주(持呪) 등을 제한하지 않고 여러 가지 수행법을 포섭하고 있다. 우리 종단은 원효 스님이 주창한 화쟁(和諍)의 도리를 받아들여 대승불교의 여러 교학, 그리고 불교의 모든 수행법을 아우

화쟁은 여러 가지 논쟁과 대립적인 이론을 법에 맞게 조화시키는 조화와 화합의 사상으로, 각각의 다름을 인정하면서 조화로운 상태를 지향한다.

르고 있는 것이다.

따라서 대한불교조계종의 불자들은 각자의 능력과 성향에 따라 선호하는 경전이나 수행법을 지니고 서로 다름을 인정하며, 끝내는 마음을 밝혀 마음이 평화를 누리고, 아파하는 이웃들을 껴안고 그들과 더불어 아름다운 세상을 만들어 나가야 한다.

02 한국불교의 역사와 함께하는 대한불교조계종

불교는 우리나라에 전래된 이래 우리 민족의 정신과 문화에 지대한 영향을 끼쳐 왔다. 시대를 앞서가는 새로운 사상으로, 어두운 삶의 현실에 희망과 행복을 주는 종교로, 때론 수려하고 섬세한 문화 창조의 주인공으로 불교는 언제나 우리 민족과 함께 숨 쉬고 함께 발전해 왔다.

우리나라에 불교가 처음 공인된 때는 고구려 소수림왕 2년(372년)이다. 백제에는 침류왕 1년(384년)에 동진에서 온 마라난타 스님에 의해 불교가 전해졌다. 그런데 이는 공식적인 수용에 대한 기록일 뿐, 그 이전에 이미 불교가 전래되어 민간에서 숭상하는 이가 있었던 것으로 보인다. 특히 신라의 경우 불교를 공인한 해는 법흥왕 14년(527년)이지만, 이차돈의 순교로 이때 공식 인정되었을 뿐, 그 이전에 이미 불교가 전해져 있었다.

이후 이 땅에 자장 스님, 원효 스님, 의상 스님 등 많은 스님이 등장하여 고대 한국불교 사상을 발전시켰다. 이러한 불교 사상은

11장 대한불교조계종의 불자는 무엇을 알고 실천해야 하는가

이후 선(禪)이 자라나게 하는 자양분으로 작용하였다. 통일신라 후기에는 선이 전래되어 불교 사상인 교(敎)와 선이 우리 불교사의 흐름과 더불어 상호 조화를 이루면서 선 중심의 선교 융합 전통으로 이어지게 된다.

1) 종조, 도의 국사

선을 우리나라에 처음 들여온 스님은 도의(道義) 국사다. 스님은 설악산 양양 진전사에서 선의 가르침을 펼쳤고, 이후 가지산문의 초조가 되었다. 이에 스님을 대한불교조계종의 종조로 모신다.

스님은 선덕왕 5년(784년)에 당나라로 건너가 서당 지장 스님의 문하에서 정진하여 육조 혜능 조사의 법을 인가받았다. 국사는 37년 동안 당나라에서 치열한 수행을 한 후 헌덕왕 13년(821년) 선법

도의 국사 진영

을 가지고 귀국하였다. 이후 설악산 진전사에 주석하면서 법을 전하여 현재 조계종의 근원이 되는 가지산문이 성립되는 토대가 되었다. 이렇게 해서 구산선문(九山禪門)이라 불리는 아홉 개의 선문이 개산되어 한국선과 조계종의 뿌리를 형성하였다.

선종의 스님들은 고려를 창

건한 태조 왕건의 사상적 스승으로 큰 역할을 했다. 그러나 고려 중기부터 불교는 제대로 된 역할을 하지 못하였으며, 선종과 교종의 대립과 갈등으로 인해 혼란스러웠다.

2) 중천조, 보조 지눌 국사

고려 시대 불교계의 혼탁한 분위기를 정화하고자 분연히 떨치고 일어난 인물이 보조 지눌(普照知訥, 1158~1210) 국사다.

스님은 정혜결사(定慧結社)를 결성하여 새로운 수행 풍토를 진작한 조계종의 중흥조다. 그래서 스님은 대한불교조계종의 중천조(重闡祖)로 추앙받고 있다. 중천조란 중흥조와 같은 의미로, 종단을 다시 크게 일으켰다는 의미다. 스님은 『권수정혜결사문』을 발표하여 "땅에서 넘어진 자 땅을 딛고 일어서라."고 하며 출재가의 수행자들을 일깨우고 당시 수행 풍토를 쇄신하였다.

정혜결사는 선과 교가 함께 어우러지는 수행실천운동이다. 보조 스님은 이 결사를 통하여 선과 교의 대립을 종식시키고 선을 중심으로 수행하되 교학을 함께 공부하여 선정과 지혜가 잘 드러나도록 하였으며, 출가와 재가가 함께 참여하도록 했다.

보조 국사 진영(ⓒ불교문화재연구소)

11장 대한불교조계종의 불자는 무엇을 알고 실천해야 하는가

3) 중흥조, 태고 보우 국사

『삼국유사』를 저술한 일연 스님도 고려 후기 무신정권 시절에 활동했던 조계종의 뛰어난 선승이었다. 스님은 『삼국유사』의 저술로 불교를 바탕으로 한 우리의 문화 전통과 민족의 우수성을 천명하였다.

고려 말에는 태고 보우(太古普愚, 1301~1382) 국사가 출현하여 선교 융합의 정신으로 간화선풍을 새롭게 드높이는 역할을 하였다. 태고 국사로 말미암아 간화선이 우리나라의 대표적인 수행법으로 자리를 잡은 것은 물론, 간화선의 수행 체계가 정비되었다. 특히 태고 국사는 당시까지 난립하던 여러 종파를 통합하고, 조계종을 중흥하는 데 지대한 역할을 하여 대한불교조계종의 중흥조로 추앙받고 있다.

보우 국사 진영(©불교문화재연구소)

조선 시대에 들어와서는 억불 정책으로 인해 불교의 여러 종파가 통폐합되어 조계종도 종파로서의 고유성을 상실하게 되었다. 다행히도 조계종의 법맥만은 이어지면서 청허 휴정(淸虛休靜, 1520~1604), 부휴 선수(浮休善修, 1543~1615)와 같은 훌륭한 고승들이 출현하여 조선 시대

불교의 명맥을 유지해 나갔다.

4) 근현대의 조계종단

근대에 들어 조선 세종 이후 400년간 금지되었던 승려들의 도성 출입이 해제된다. 아울러 1902년 동대문 밖에 원흥사를 창건하고 사사관리서를 설치하여 국가에서 불교를 관리하게 되었다. 조선 시대 종파마저 없어진 한국불교의 위상을 정립하기 위해서였다. 그러나 얼마 안 가서 사사관리서가 폐지되고 한국불교 스스로의 힘으로 종단을 건설하려는 움직임이 일어났다. 그 결과 1908년에는 원종(圓宗)이, 1911년에는 임제종(臨濟宗)이 창종하였지만 조선총독부의 인가를 받지 못하였다.

조선을 강점한 일본은 1911년 사찰령을 반포하여 전국 사찰을 31개의 본산을 중심으로 나누어 통치하기 시작했다. 일본 총독부가 사찰의 창건, 주지의 선출 등을 관리하여 한국불교를 본격적으로 통제하기 시작한 것이다.

일본불교의 영향으로 한국불교는 불교 본래의 모습에서 벗어나 날로 세속화의 길을 걸었다. 이를 극복하고자 선원의 수좌 스님들이 1921년 서울에 선학원을 건립하여 승풍과 선풍을 진작시키고자

> **사찰령**(寺刹令)은 일제강점기 때 조선총독부가 우리나라 불교를 효율적으로 관리하기 위해서 만든 법령이다. 사찰을 병합, 이전 또는 폐지, 전법, 포교, 법회 등을 할 때는 조선총독부나 관의 허가를 받도록 해 조선불교의 활동을 통제했다.

하였다. 여기에 만해 한용운 스님도 가세하여 선을 대중화하고 불교의 자주권을 확보하고자 노력하였다.

이후 선각자적 의식을 지닌 스님들은 자주적인 종단건설운동을 진행하였다. 그 결과 1938년 총본산건설운동의 일환으로 태고사(오늘의 조계사)가 창건되었으며 1941년에 이르러서 조선불교조계종이 태동하였다. 당시 정통성과 조선불교의 특성 등을 감안하여 가장 적합하다는 의견이 모아진 종명이 조계종이었다.

이후 한국불교는 일제강점기에 양산되었던 본래 모습에서 벗어난 승려를 축출하고 청정한 승단을 구축하려는 움직임이 일어났다. 그래서 1954년부터 비구 스님을 중심으로 정화운동을 전개하였다. 정화운동을 통해 내부 분쟁을 종식하고 화합을 모색하여 1962년에 통합종단 대한불교조계종으로 새롭게 출범하게 되었다.

통합종단 대한불교조계종은 선 중심적 선교 융합의 한국불교 전통을 이어받고 있으며, 청정승가를 중심으로 한 최초의 선종 중심의 단일 종단이다. 아울러 사찰의 재산을 종단 스스로 관리하는 세계에서 유일무이한 단체이고 사찰 행정 또한 국가의 통제를 벗어나 종단에서 자율적으로 운영하고 있다. 대한불교조계종은 포교, 역경, 도제 양성의 3대 지표를 제시하고 불교 발전에 힘써 조선조에 쇠락했던 사찰을 우리나라 구석구석에 건립하는 등 유형, 무형의 물적 기반을 조성하게 되었다.

앞으로 한국불교는 1,700여 년의 유구한 역사를 바탕으로 선에 중심을 둔 화쟁과 원융의 정신에 입각하여 수행 및 교학 체계를 정비하고, 신행혁신운동을 통해 현대적인 포교 방법으로 만중생을 평화와 행복, 그리고 진정한 자유로움으로 인도할 과제를 남겨 놓고 있다.

03 대한불교조계종 종단의 구조와 역할

대한불교조계종은 한국불교를 대표하는 종단으로 3,000여 개의 사찰에서 사부대중이 수행과 포교에 전념하고 있다. 한국불교의 장자종단으로서 그 역할을 다하기 위해 종정 스님을 모시고 중앙 조직과 지방 조직 그리고 산하기관 등이 유기적으로 운영되고 있다.

조계종의 종정 스님은 조계종 종통을 계승하는 최고 권위의 상징이자 정신적인 큰 스승이다. 또한 종단 어른들의 경륜과 지혜로 종단 운영에 도움을 얻기 위해 원로회의를 두었다.

1) 중앙 조직

조계종단의 중앙 조직으로는 총무원, 교육원, 포교원, 호계원, 중앙종회가 있다.

조계종단은 크게 총무원, 교육원, 포교원의 삼원으로 구성되어 있다. 총무원은 종단의 종무행정을 총괄하고, 교육원은 스님들의 교육과 연수를, 포교원은 종단의 포교와 신도 전반을 담당하며 포

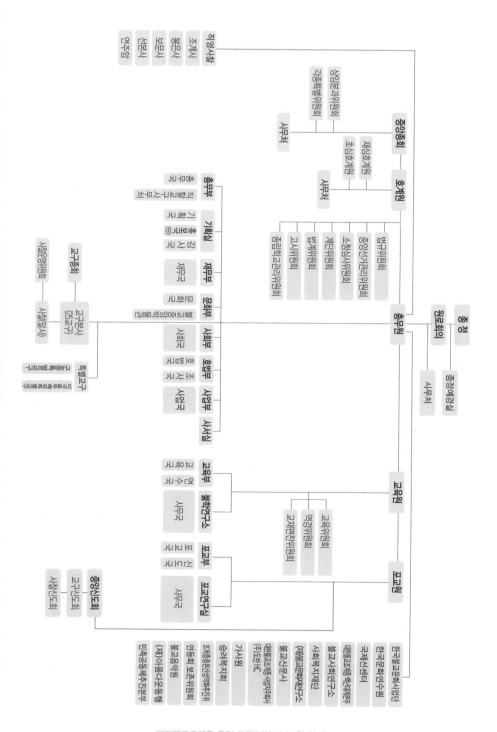

대한불교조계종 종단 조직도(2017년 5월 현재)

교 인력을 양성한다. 총무원장 스님은 종무행정을 총괄하는 행정의 총 책임자다. 그리고 교육원장 스님, 포교원장 스님이 각각 교육과 포교를 책임지고 있다.

호계원은 종단의 사법기관에 해당한다. 한편 중앙종회는 국회의원 격인 종회의원 스님들이 종단의 살림살이와 정책을 살피는, 종단의 입법기구이다.

2) 지역 조직

대한불교조계종에는 이러한 중앙 조직 외에 전국에 25개의 교구본사가 있다. 직할교구(총무원 소속)에 해당하는 직할사찰을 비롯하여 각 교구본사에 소속된 사찰은 모두 3,000여 곳이다.

또한 전통 수행 도량인 총림을 운영하여 현재 통도사 영축총림, 해인사 해인총림, 송광사 조계총림, 수덕사 덕숭총림, 백양사 고불총림, 쌍계사 쌍계총림, 범어사 금정총림, 동화사 팔공총림 등의 8대 총림이 있다. 총림의 어른을 방장 스님이라고 한다.

3) 산하 조직 및 교육 기관

대한불교조계종 산하에는 중생의 행복과 이익을 위해, 전통 문화 보존과 사회 참여의 일환으로 한국불교문화사업단, 한국문화연수원, 연등회보존위원회, 아름다운동행, 조계종사회복지재단 등여러 단체가 있다.

특히 한국불교문화사업단은 2004년 창립한 이래 1,700년 역사의

제3교구
신흥사

제25교구
봉선사

직할교구

제4교구
월정사

제2교구
용주사

제7교구
덕숭총림 수덕사

제6교구
마곡사

제5교구
법주사

제16교구
고운사

제8교구
직지사

제10교구
은해사

제9교구
팔공총림
동화사

제11교구
불국사

제17교구
금산사

제12교구
해인총림
해인사

제24교구
선운사

제15교구
영축총림 통도사

제18교구
고불총림
백양사

제19교구
화엄사

제13교구
쌍계총림
쌍계사

제14교구
금정총림
범어사

제21교구
조계총림
송광사

제20교구
선암사

제22교구
대흥사

제23교구
관음사

전국 교구 본사 및 총림

불교가 가진 콘텐츠를 현대적으로 재해석해 불교 문화를 대중화하고 세계화하는 데 앞장서고 있다. 주로 템플스테이와 사찰 음식, 불교 문화 상품 개발, 성지 순례 사업을 추진하고 있다.

조계종사회복지재단은 1995년 설립된 이래 부처님의 자비와 중생 구제의 원력으로써 문화 복지 사회를 건설하는 것을 목적으로 약 180여 개의 다양한 사회 복지 시설 운영과 자비 나눔 사업을 수행하고 있다. 특히 복지 시설을 통해 외국인 · 청소년 · 노인 · 환우 등 취약 계층에 대한 복지 활동을 다양하게 전개하고 있다.

또한 대한불교조계종 종립학교로서 중앙승가대학교, 동국대학교를 비롯하여 각처에 초 · 중 · 고등학교를 설립, 운영하고 있다.

04 조계종도의 신행 활동

1) 불자와 신도

> "가르침[乘]은 행한다는 뜻이지 입으로 다투는 것에 있지 않다."
>
> — 『육조단경』

불자를 지칭하는 표현은 불교도, 신도, 선남자와 선여인, 거사, 보살 등 매우 다양하다. 이와 같은 표현 속엔 다른 사람과 구분되는 행동상의 특징이나 특성이 전제되어 있다.

불자는 자신의 삶을 부처로서의 삶으로 꾸려 가는 사람이다. 부처님의 가르침을 따라서 부처님의 삶과 행위를 계승하고, 부처님처럼, 혹은 부처님답게 행동하고 살아가기 위해 수행하고 실천하기 때문에 불자라고 한다.

신도는 일반적으로 '부처님의 가르침을 믿는 재가자'를 지칭하는 표현이다. 불자 및 신도가 되기 위해서는 불교에 귀의하여 일정한 사찰에 적을 두고 보시, 공양을 올리는 등의 신행 행위가 수반되어야 한다. 또한 삼보에 귀의하고 오계를 수지하며 사찰을 외호해야한다.

종도라는 말은 중국 선종의 가르침을 따르고 전하는 구성원인 문도(門徒)를 의미하는 말이지만, 오늘날은 특정 종단의 스님과 신도 모두를 가리켜 종도라고 한다.

조계종 신도는 신행 활동을 하는 해당 재적 사찰에 신도 등록을 해야 하며 신도증을 발급받아야 한다. 진리를 향한 구도의 과정에서 첫 마음을 냈다는 의미에서 신도증을 발심품계증이라고 하기도 한다. 신도증을 발급받음으로써 자랑스러운 대한불교조계종의 신도가 되는 것이며, 종도의 일원으로서 활동을 보장받게 된다. 게다가 신도증을 발급받은 후 매년 납부해야 하는 신도 교무금은 종단과 사찰의 발전에 도움이 되는 것은 물론 궁극적으로는 신도들에게 그 혜택이 돌아가게 된다.

불자들은 재적 사찰에서 법회, 신행 활동, 교육 등을 통해 부처님의 가르침을 배우고 실천하게 된다. 우리 불자들이 화합의 공동체를 이루어 같은 사찰의 식구로서 함께 배우고, 평화롭게 살아가는 것만큼 중요한 것은 없다.

2) 한국불교의 새로운 신행 풍토 조성을 위해

(1) 왜 신행 방식을 바꿔야 하는가

대한불교조계종의 출범과 더불어 우리나라 불교는 많은 발전을 이룩하였다. 그러나 다가오는 미래의 한국불교를 새롭게 부흥시키기 위해서는 신행 풍토를 혁신하지 않으면 안 될 상황에 처해 있다. 현대에 들어 젊은이들을 중심으로 탈종교 현상이 가속화되고 있다. 뿐만 아니라, 소아적인 나 중심의 종교나 무조건적인 믿음의 종교에서 진정한 나를 찾는 깨달음의 종교로 이동하고 있다. 신에 대한 무조건적인 믿음보다는 자신의 내면에 간직된 부처님 성품에 대한 눈뜸이나 각성을 중요하게 생각하며, 마음의 안정과 평화를 구하고 있는 것이다. 게다가 현대인들은 사회적 약자와 함께하며 그들의 고통을 덜어 주고 치유해 나가는 것에서 종교의 참정신을 읽어 내고자 한다.

2015년에 시행한 인구주택총조사 종교인구통계에서 보듯이 불자 인구가 급감하고 있다. 신도 고령화도 심각한 수준이며, 청소년이나 젊은이가 불교를 멀리하고 있다. 그리고 일반 불자들은 삶과 수행의 불일치로 진정한 마음의 자유와 평화를 찾지 못하고 있으며 불자로서의 자부심이나 가치관 또한 희박하다. 세속화로 인해 호감층 불자마저도 이탈하고 있다.

다행히도 불교는 현대인의 요구에 부합하는 훌륭한 사상과 전통을 지니고 있다. 부처님은 인류 최초로 깨달음을 증명해 보였고,

어려운 상황에서도 지혜와 자비로 이웃의 아픔에 공감하고 그들의 눈을 뜨게 하여 깨우쳐 주고 붓다로 살게 해 주셨다. 선종의 실질적인 개창자이자 대한불교조계종의 사상적인 초석을 놓은 혜능 스님 또한 '내 마음이 이미 해탈해 있다'는 본래 붓다로서의 삶을 살았으며 집착 없는 마음으로 현재 이 자리에서 일을 하면서 행동하고 실천하였다.

그래서 대한불교조계종 포교원에서는 정법에서 벗어난 신행을 혁신하여, 붓다의 삶을 따라 지혜를 닦고 자비를 실천하는 '붓다로 살자' 운동을 전개하고 있다.

(2) 붓다로 살자

'붓다로 살자' 어떻게 붓다로 살자는 것인가? '삶을 지혜롭게, 마음을 자비롭게, 세상을 평화롭게, 지금 여기, 붓다로 살자'는 것이다.

'삶을 지혜롭게'는 "내가, 그대가 붓다입니다."라는 삶을 추구한다. "나는 못난 중생이야."라고 하기보다는 나의 본래 모습 그대로가 부처님 성품임을 믿고, 자신을 긍정하며 당당하게 삶의 주인공으로 살자는 것이다.

'마음을 자비롭게'는 "지금 여기에서 동체대비와 큰 자비의 삶을" 지향한다. 우리는 둘이 아닌 한몸이라는 자각하에 수행으로 마음을 살펴 자신을 비우고, 욕심과 화를 다스리며 살자는 것이다.

'세상을 평화롭게'는 "지금 우리가 사는 이곳을 평화로운 불국토로" 가꾼다. 모든 생명을 존중하고 붓다로 섬기며 평화로운 공동체를 실현하는 것이다.

'지금 여기, 붓다로 살자'는 "붓다답게 생각하고, 붓다답게 실천하자."는 것이다. 이를 위해서 붓다답게 실상을 여실지견(如實之見)하고 지금 여기서 바로 증명되는 삶을 살아야 한다. 그리고 붓다의 삶을 따라 불법을 실천하기 위해 함께 공부하고 토론하면서 탁마(琢磨)하며 전법하는 문화를 조성해야 한다. 이를 통해 마침내 몸과 말과 마음으로 붓다로 살아가는 모습을 내 삶과 세상에 구현할 수 있을 것이다.

이러한 '붓다로 살자' 신행혁신운동 방향에 입각한 불자상에 따라 청규를 가정과 사회, 직장에서 실천함으로써 신행혁신운동의 열매를 하나씩 아름답게 맺을 수 있을 것이다. 이에 불자상을 제시해 보고자 한다.

(3) 불자상

○ 삶을 지혜롭게
  - 자신이 본래 붓다임을 믿고 실천한다.
  - 불·법·승 삼보를 삶의 의지처로 삼는다.
  - 일상생활이 수행이 되도록 살아간다.

○ 마음을 자비롭게
  - 마음을 살펴 욕심과 화를 다스린다.

- 이웃의 고통에 공감하고 자비롭게 보살핀다.

　　　- 자기에게 맞는 수행을 매일 실천한다.

　　ㅇ 세상을 평화롭게

　　　- 모든 생명을 붓다로 존중한다.

　　　- 부드럽고 바른 말로 공동체의 화합을 도모한다.

　　　- 나눔과 생명 평화의 공동체를 가꾼다.

　　　- 세상의 이익과 행복을 위해 진리를 전한다.

　불자상에 따른 신행 청규와 공동체 청규는 이 책의 부록에 실어 놓았다. 모든 불자가 이러한 청규를 그대로 또는 각각의 상황에 맞게 구성하여 실천한다면 사찰은 웃음 띤 불자들의 모습으로 활기를 찾을 것이며, 불자들의 삶 또한 행복하고 평화로울 것이다. 그리고 가정과 사회, 직장은 따뜻하고 희망이 가득할 것이다. 그것이 붓다로 사는 사람들의 모습이며, 이 땅에 실현된 불국토의 모습이 아니겠는가.

실천과제

• 종조 도의 국사, 중천조 보조 국사와 중흥조 태고 보우 국사 등 큰스님의 가르침을 되새기며 그분들의 수행지를 순례해 본다.
• 재적 사찰을 기반으로 대한불교조계종 불자로서의 권리와 의무를 실천한다.
• 신행혁신운동에 대해서 이야기를 나누어 본다.

―
부
록
―

불자의 자세와 예절

우리말 예불문

우리말 반야심경

신행 청규 / 공동체 청규

불자의 자세와 예절

1. 불교 예절의 중요성

불자 예절이란 일상생활에서나 사찰이라는 수행 공간이
자 성스러운 공간에서 불자로서 갖추어야 할 예의범절과
행위 규범을 일컫는다.

불자는 부처님의 가르침에 따라 생활하고, 행동하며,
깨어 있는 마음으로 자신을 되돌아보고, 당당하면서도 평
화롭게 살아가야 한다. 그렇게 깨어 있기 위한 방법으로
참선, 절, 염불, 경전 독송 등의 수행을 하는데, 불교를
처음 접한 사람들은 이러한 수행이 낯설고 어렵게 느껴질
것이다. 게다가 성스러운 공간인 사찰에 들어서면 그에
합당한 법도를 따라야 하는데, 이러한 행위 절차가 어색
하게 다가오기 마련이다. 그러나 어느 곳에 가든 그곳에
맞는 예의와 법도를 따르는 것이 문화인의 건전한 마음가
짐이기도 하다.

아울러 불자로서 행해야 하는 예절과 이에 따른 마음가짐은 타성에 젖거나 일상의 안일에 길들어 버린 우리들의 나쁜 습성을 끊어 버리고 밝고 아름다운 본래 마음을 찾는 길이며, 이리저리 날뛰는 마음을 안정시키기 위한 방법이다. 나 자신을 겸허히 낮추고 부처님이나 모든 존재를 귀하게 여기는 경건한 마음가짐 또한 불자 예절의 중요한 요소를 이룬다.

우리 불자들은 이러한 불자로서의 예절을 몸에 배이도록 자연스럽게 익혀 나 자신을 다스리는 것은 물론 모든 것에 감사하고 세상을 맑고 아름답게 하는 데 앞장서야 할 것이다.

2. 불자의 기본자세

1) 차수와 합장

도량에서는 서 있거나 걸을 때 차수(叉手)를 한다. 차수는 '손을 어긋나게 마주 잡는다'는 뜻으로, 왼손의 손등을 오른손으로 가볍게 잡는 자세다. 서 있을 때는 차수한 손을 아랫배 부분에 자연스럽게 가져다 대고, 앉아 있을 때는 손을 모은 채로 무릎 위에 단정히 올려놓으면 된다.

합장은 부처님께 예를 올리는 가장 기본적인 자세이며, 자신이 불자임을 나타내는 인사법이기도 하다. 두 손바닥을 마주 대서 합하는 것을 합장이라고 하는데, 마주 닿은 손바닥과 손가락 사이가 잘 모아지도록 한다. 두 손을 모아 마주하는 것은 마음을 모은다는 뜻이며, 나아가 나와 남이 둘이 아니라 하나의 진리로 합쳐진 한 생명이라는 뜻을 담고 있다. 수계식 때에는 무릎을 바닥에 대고 다리를 세운 채 두 손바닥을 맞대는 호궤합장을 한다.

차수에서 합장, 또는 합장에서 차수로 연결되어야 동작이 자연스럽다.

차수(왼쪽)와 합장(오른쪽)
(ⓒ김다정)

2) 좌선과 앉는 자세

좌선(坐禪) 자세는 앉아서 참선할 때의 기본 자세를 말한다. 오랫동안 앉아서 수행할 수 있는 매우 안정적인 자세이기 때문이다. 부처님을 비롯하여 많은 수행자들이 좌선 자세로 수행하셨고, 오늘날에도 대부분의 수행자들이나 명상하는 사람은 좌선 자세로 마음을 집중하여 마음의 안정과 평화를 추구하며 사물을 통찰하고 지혜를 발견한다.

좌선 자세에는 결가부좌(結跏趺坐)와 반가부좌(半跏趺坐)가 있다. 허리를 반듯하게 펴고 부처님처럼 다리를 X자로 하고 앉아 있는 모습이 결과부좌이고, 반가부좌는 일상적으로 다리를 꼬고 앉아 있되, 허리를 반듯하게 편 자세다.

독경이나 염불할 때는 꿇어앉는 것이 기본이다. 오래 유지하기 어렵더라도 예경이나 축원을 할 때는 되도록 꿇어앉는 것이 좋다. 무릎을 꿇고 앉을 때는 절할 때와 같이 오른발을 밑에 두고 그 위에 왼발을 X자로 올려놓는 것이 원칙이다. 그러나 이렇게 하는 것이 힘들 경우에는, 각자의 습관대로 발을 바꾸거나 또는 두 발을 나란히 놓는 등 편하게 해도 좋다. 꿇어앉는 자세를 취할 때는 허리를 곧추세워 몸의 평형을 유지해야 한다.

3. 절의 의미와 공덕

절은 삼보에 대한 예경과 상대방을 존경하는 마음의 표현이며, 자신을 스스로 낮추는 하심의 수행 방법 가운데 하나다.

불교에서는 절 자체가 하나의 훌륭한 수행법이며, 절을 하는 공덕은 매우 뛰어나다. 건강과 아름다움을 유지하고, 남들에게서 신뢰와 호감을 얻으며, 스스로 두려움이 없어지고, 부처님께서 항상 보호해 주시며, 훌륭한 위엄을 갖추게 되고, 죽어서 극락에 태어나며, 마침내 깨달음을 이룰 수 있다고 한다. 특히 지속적으로 절을 하여 업장을 소멸하고 장애를 극복하며 잃어버린 건강을 되찾았다는 사례가 많다.

불자들은 참회나 수행 또는 기도의 방법으로 108배, 1080배, 3000배, 만 배 등을 한다. 하루에 한 번 일정한 시간을 정해 지속적으로 108배를 하는 습관을 길들여 보는 것도 좋다.

1) 합장 반배

삼보께 예경을 올릴 때는 큰절을 하는 것이 원칙이다. 그러나 큰절을 할 수 없는 장소거나 다음의 경우에는 합장하고 반배를 한다.

① 3배나 108배, 1080배, 3000배 등의 오체투지를 하기 전과 마친 뒤
② 부처님께 헌화를 하거나 향, 초, 그 밖의 공양물을 올리기 직전과 올린 뒤

③ 절 입구에서 법당을 향하여 절할 때

④ 법당 밖에서 불탑에 절을 할 때

⑤ 동참 대중이 많아서 큰절을 올리기가 어려울 때

⑥ 야외에서 법회를 할 때

⑦ 길에서 스님이나 법우(法友)를 만났을 때

⑧ 법당에 들어가거나 나오기 전

⑨ 기타 필요 시

합장을 하면 마음이 모아지고 경건해진다. 반배의 전문적인 용어는 저두례(低頭禮)다. 머리를 숙여 예를 표한다는 뜻이다.

2) 오체투지(五體投地)

오체투지는 부처님께 예경하는 방법 중 가장 경건한 예법이다. 보통 큰절이라고 하는데, 땅바닥에 바싹 엎드려 자신을 바닥까지 낮추면서 상대방에게 최대의 존경을 표하는 동작이다. 인도에서는 오체투지를 접족례(接足禮)라하여, 온몸을 던져 절을 하면서 공경하는 이의 발을 두 손으로 떠받들었다고 한다.

오체투지를 하는 방법은 우리나라 전통 예법인 큰절의 원형을 그대로 유지하되, 반드시 몸의 다섯 부분인 두 팔꿈치와 두 무릎, 이마를 땅에 닿게 엎드려 절을 한다.

오체투지(ⓒ김다정)

먼저 서 있는 자세에서 합장 반배를 한 다음 고개를 자연스럽게 숙이며 무릎을 꿇고 엉덩이를 발뒤꿈치에 붙이면서 앉는다. 양손으로 바닥을 짚을 때는 손끝을 15도 정도 안으로 오므린다. 이마, 두 팔꿈치, 두 무릎을 바닥에 대고 엉덩이는 두 발뒤꿈치에 붙인 자세가 오체투지의 완성 자세다. 그리고 두 팔꿈치를 무릎 바깥쪽에 붙인 채로 손바닥을 뒤집는다. 이때 손끝이 머리 바깥쪽으로 나가지 않아야 하며, 두 손을 가지런히 펴 손바닥이 위로 가게 해서 귀밑까지 수평으로 올린다.

일어설 때는 엎드릴 때와 정반대 순서로 한다. 먼저 펼쳤던 손을 다시 뒤집어 왼손을 가슴 부근에 갖다 댄 다음 오른손을 거두어 합장하면서 다리를 풀고 본래의 자세로 일어선다.

3) 고두례(叩頭禮)

절을 아무리 많이 한다 해도 삼보님에 대한 존경의 마음을 다 담아낼 수 없다. 그래서 절을 다 마치고 일어서기 전에 부처님의 한량없는 공덕을 생각하며 지극한 마음으로 한 번 더 머리를 조아리는 것이 고두례다. 이는 유원반배(惟願半拜)라고도 하는데, 무수히 예경하고 싶은 마음의 아쉬움을 표하는 예법이라 할 수 있다.

고두례는 3배뿐만 아니라 108배, 3000배 등 모든 절의 맨 마지막에 올린다. 마지막 절을 마치고 나서 일어서기 직전, 오체투지를 한 상태에서 고개를 들고 두 손을 얼굴 앞에 모아 합장하는 것이다. 이때 손끝이 약간 들리도록 하되, 머리 바깥쪽으로 나가면 안 된다. 그런 다음 손바닥과 이마를 바닥에 대고 일어서면 된다.

4. 사찰에서의 예절

1) 사찰 참배 예절

사찰은 부처님을 모시고 있는 성스러운 공간이다. 세속의 어지러운 마음을 깨끗이 하는 청정 도량이고, 자신의 잘못을 참회하고 올바른 삶을 다짐하는 신행 공간이며, 스님들이 머물면서 공부하고 수행하는 수행 도량이기도 하다. 그러므로 사찰에서는 바르고 경건한 마음가짐과 행동으로 마음이 새 나가지 않도록 깨어 있어야 한다.

사찰 공간은 불법이 머무는 공간이자 해탈의 공간이며

청정한 공간이다. 그래서 전통 사찰에는 일주문, 금강문, 천왕문, 불이문(또는 해탈문)이 사찰의 진입 공간을 형성하면서 탈속(脫俗)의 길을 걷는다.

사찰의 들머리인 일주문부터 부처님의 도량이 시작되므로, 일주문 앞에서 마음을 가다듬고 법당을 향해 합장 반배를 올린다. 일주문을 지나 천왕문과 해탈문을 지날 때에도 같은 방법으로 반배의 예를 올린다.

해탈문을 지나면 부처님이 계신 법당 마당에 이른다. 법당 마당에는 부처님 사리나 경전을 모신 탑이 있는데, 법당에 오르기 전 그 탑에 반배로 3배의 예를 올린다. 탑을 돌며 기도를 할 때는 오른쪽 어깨가 예배의 대상인 탑을 향하도록 하고 돈다. 이렇게 오른쪽으로 도는 것은 큰 존경을 나타낸다는 의미다.

법당 마당에 이르기 전 역대 조사 스님의 부도를 지나게 될 때에도 합장 반배한다.

2) 법당 예절

법당은 부처님을 모시고 스님과 신도들이 예불하고 정진하는 신성한 장소이므로, 다른 사람의 기도와 수행 정진에 방해가 되지 않도록 주의해야 한다.

법당에는 문이 여러 개가 있다. 정면에 중앙 문이 있고 중앙 문 좌우 양쪽 옆에 각기 하나 또는 두 개씩의 문이 더 있다. 그리고 법당 좌우 측면에도 문이 하나씩 더 있는 것이 우리나라 법당의 일반적인 구조다. 법당의 상단에 모셔진 주불(主佛)을 기준으로 가운데 통로를 어간(御間)이라 하고, 정면 중앙 문을 어간문이라고 한다.

법당에 들어가고 나올 때에는 중앙의 어간문을 이용하지 않고 법당 좌우 측면에 있는 문을 이용한다. 또한 법당 문을 열고 닫을 때는 소리가 나지 않도록 주의를 기울이고, 법당에 들어갈 때에는 신발을 가지런히 벗어 놓아야 한다. 신발을 벗는 사소한 행동에서부터 불자의 경건한 마음가짐이 나타나기 때문이다. 지팡이나 우산을 가져온 경우, 법당 벽에 기대어 놓지 않도록 조심한다. 맨발이 아닌 양말을 신고 들어가야 하며, 노출이 심한 옷은 삼간다.

법당에 들어서면 문 입구에서 상단의 부처님을 향해 합장하고 반배를 올린다. 그리고 향이나 초를 올리는데, 향은 해탈의 향기를, 초는 지혜의 등불을 의미한다. 둘 다 자기 몸을 태워 아름다운 향기와 밝은 빛을 보낸다는 의미를 담고 있다.

향을 올릴 때는 먼저 합장한 자세로 조용히 걸어가 불단 앞에서 반배를 올린다. 오른손으로 향의 중간을 잡고 왼손으로 오른 손목을 받쳐 잡은 뒤, 향을 촛불에 대고 불을 붙인다. 향에 불이 붙으면 손으로 불꽃을 끄고, 향을 이마 높이로 올려 경건한 마음으로 예를 표한 뒤 향로 중앙에 반듯하게 꽂는다. 향을 꽂은 다음에는 뒤로 한 걸음 물러나 합장한 자세로 반배하고, 제자리로 돌아가서 절을 올린다. 다른 사람이 이미 향을 공양해 올렸을 때는 자신이 준비한 것은 부처님 앞 탁자에 올려놓고 3배만 올린다.

상단에 향 공양을 올린 다음에는 신중단으로 가서 같은 방법으로 향을 올리고 절한다. 그러나 법당 안이 복잡할 때는 상단에 절을 올린 그 자리에서 몸의 방향만 틀어 예를 올려도 된다.

공양물을 올리거나 참배를 하기 위해 움직일 때는 합장한 자세로 발뒤꿈치를 살짝 들고 조용히 걸어야 한다. 이때 어간으로 다녀서는 안 되며, 부득이 어간을 지나갈 때에는 합장한 자세로 허리를 굽히고 지나간다.

법당은 대부분 목조 건물이므로 화재를 조심해야 한다. 그러므로 다른 사람이 없을 때는 촛불을 끄고 정돈한 후에 나온다. 한편 촛불을 끌 때는 입으로 불어서 끄지 말고, 손으로 끄거나 촛불을 끄는 도구를 사용하여 끄는 것이 예법이다.

촛불을 끈 다음에도 뒤로 한 걸음 물러서서 합장 반배를 하고 법당에서 나온다. 법당에서 나올 때에도 들어갈 때와 마찬가지로 합장한 자세로 상단의 부처님을 향해 합장 반배를 한 후 뒷걸음으로 법당 옆문을 통해 나온다.

법당을 나와 신발을 신을 때는 뒷사람은 앞사람이 다 신을 때까지 차분한 마음으로 기다리고, 자기 신발을 다 신은 뒤에는 다른 법우들의 신발을 신기 편한 자리에 옮겨 놓거나 다른 신발들을 가지런히 정리한다.

다음은 법회나 예불 등 대중이 모인 법당에서 자주 일어나는 잘못된 행동에 대한 사례다.

① 어간에 앉는 행위
② 아는 사람의 자리를 미리 잡아 놓는 행위
③ 좌복을 풀썩거리며 깔거나 한손으로 던져 놓는 행위
④ 좌복을 밟고 다니는 행위
⑤ 사용한 좌복을 정리하지 않고 나가는 행위
⑥ 남이 올린 초나 향을 빼고 자기가 준비한 것으로
　바꾸는 행위

3) 예불 예절

예불은 하루를 시작하고 마무리하는 아침과 저녁에 불보살님께 공양을 올리고 찬탄 공경하는 의식이다. 재가불자들은 일상생활을 하기 때문에 매일 사찰을 찾아 예불에 참석할 수는 없을 것이다. 그러나 수련회를 가거나 여러 가지 일정 등으로 사찰에 머물 경우에는 예불에 참석해야 한다.

아침 예불에 참석할 때는 도량석을 하는 목탁 소리가 들리면 잠자리에서 일어나 자리를 정돈한 다음, 세수를 하고 맑은 정신으로 동참한다. 사찰에서 하는 예불에 참석하기가 어렵다 할지라도 집에서 정갈한 몸으로 부처님을 향해 삼배를 드리고 참선하는 생활 습관을 기르면 좋다.

4) 공양 예절

향·초·꽃·쌀·차·과일 등을 부처님께 올려서 목마르고 배고픈 중생에게 회향하고, 중생의 고통을 여의게 해 주는 것을 공양이라고 한다.

공양이란 본래 부처님과 스님들께 수행 생활에 필요한 음식이나 의복, 침구 등을 바치는 것을 의미했지만, 나중에는 삼보님께 올리는 정성스러운 모든 것으로 그 의미가 확대되었다. 법회 때 찬탄의 노래를 부르는 것을 음성 공양이라고 하는 것도 이 때문이다.

공양은 받는 이, 받는 물건, 올리는 이, 즉 삼륜(三輪)이 청정할 때 크나큰 공덕이 뒤따른다고 한다. 그러므로 불자는 맑고 청정한 공양물을 온 마음을 다해 정성껏 올리는 것이 중요하다.

또한 불교에서는 밥 먹는 것도 공양이라고 한다. 밥 먹는 행위도 하나의 의식이자 수행이기 때문이다.

이 음식은 어디서 왔는가	[計功多少量彼來處]
내 덕행으로 받기가 부끄럽네	[村己德行全缺應供]
마음의 온갖 욕심 버리고	[防心離過貪等爲宗]
몸을 지탱하는 약으로 알아	[正思良藥爲療形枯]
도업을 이루고자 이 공양을 받습니다.	[爲成道業應受此食]

– 「오관게(五觀偈)」

이 공양게에는 공양을 하는 마음가짐이 잘 나타나 있다. 한 톨의 쌀이 내 입에 들어오기까지 얼마나 많은 사람들의 정성과 노력이 있었는지를 살피고 감사하는 마음을 가져야 한다. 그 때문에 밥알 하나도 함부로 버리지 말아야 한다. 이처럼 공양의 절차에는 부처님과 음식을 만든 사람들의 은혜에 감사하는 마음과 중생의 고통을 깊이 생각하고 공양을 먹고 얻은 힘을 일체중생에게 회향하겠다는 다짐이 담겨 있다.

공양법에는 크게 상(床) 공양과 발우(鉢盂) 공양이 있다. 상 공양은 일반 가정에서처럼 밥상이나 식탁에서 공양하는 것으로, 공양하는 사람 수가 적을 때 하는 공양법이다. 발우 공양은 부처님이 매일 오전 한 끼만 공양하실 때 커다란 발우에 시주받은 음식을 받아 드신 데서 연유

하였다. 불교의 전통 공양법으로 대중이 같이 공양하거나 수련회 및 수행 시에 한다. 또 대중이 함께 모여 정진하는 도량에서는 발우 공양을 하는데, 여러 사람이 함께 한다고 해서 이를 대중(大衆) 공양이라고 한다.

음식물 쓰레기가 심각한 환경 문제로 대두된 요즘, 발우 공양법은 이를 근본적으로 해결할 수 있는 좋은 대안이 되고 있다. 불교계에서 시작되어 사회 전체로 퍼져 가고 있는 '빈그릇 운동'도 이 발우 공양 정신에서 비롯된 것이다.

5. 스님과 재가불자를 대하는 예절

1) 스님을 대하는 예절

스님은 삼보 중에 하나이므로 받들어 모시고 공경해야 한다. 신도는 스님으로부터 부처님의 가르침을 받을 수 있고, 수행자의 진정한 모습을 본받을 수 있다. 그러므로 재가불자는 스님이 수행하는 데 불편함이 없도록 옷이나 음식, 약 등을 공양하며 받드는 것이다.

스님을 대할 때는 존경하는 마음으로 합장 반배를 한다. 길에서 스님을 만나면 그 자리에 서서 합장 반배를 하고, 실내에서는 3배나 1배의 예를 올린다. 그러나 스님이 좌선 중이거나 경행할 때, 공양할 때, 양치질이나 목욕할 때, 누워 있을 때는 절하지 않아도 된다.

큰스님을 뵙고 가르침을 얻고자 한다면, 먼저 시자(侍者)를 통해 허락을 받아야 한다. 스님 방에 들어갈 때는 법당에 들어갈 때와 똑같이 행동해야 하며, 큰스님께는 3배의 큰절을 올리는 것이 예의다.

내 마음의 귀의처로 훌륭한 스님을 모시고 가르침을 청하며 어려울 때 상담도 드리면서 내면의 성숙은 물론 건강하고 행복한 삶을 누려 보자.

2) 재가불자 사이의 예절

출가하지 않고 가정생활을 하면서 불법을 닦는 이들을 재가불자라고 한다. 재가불자끼리는 ○○ 법우님, ○○ 거사님, ○○ 보살님 등으로 부른다. 법명이 있으면 법명을 붙여 부르는 것이 예의다. 길이나 절에서 만나면 합장 반배로 서로 정중히 인사하고, 법회 중일 때는 목례를 나눈다.

가까운 불자가 경조사를 당했을 때는 찾아가서 돕고, 불자 사이에 어려운 일이 있을 때는 자기 일처럼 생각하면서 함께 마음을 나누며 공감해 주고 해결책을 모색해 주어야 한다.

만약 재가불자들 사이에 시빗거리가 생겼을 때에는 부처님의 화합 정신에 맞추어 서로 참회와 용서, 수용을 통

해 함께 어우러져야 하며 때에 맞추어 진실되게 말하고
행동해야 한다.

우리말 예불문

■ **헌다게**(獻茶偈, 차 올리는 게송)

저희 이제 청정수를 감로다삼아 삼보님전 올리오니

자비로 받으소서 (큰절)

자비로 받으소서 (큰절)

대자비로 받으옵소서 (큰절)

■ **오분향게**(五分香偈, 향 올리는 게송)

계향 정향 혜향 해탈향 해탈지견향

광명구름 두루하여 시방세계 한량없는

삼보님전 공양합니다

헌향진언(獻香眞言, 향 올리는 진언)

옴 바아라 도비야 훔

옴 바아라 도비야 훔

옴 바아라 도비야 훔 (저두례)

■ 칠정례

지극한 마음으로

온 세계 스승이며 모든 중생 어버이신

석가모니 부처님께 절하옵니다

지극한 마음으로

온 세계 항상 계신 거룩하신 부처님께 절하옵니다

지극한 마음으로

온 세계 항상 계신 거룩하신 가르침에 절하옵니다

지극한 마음으로

대지문수사리보살 대행보현보살 대비관세음보살

대원본존 지장보살님께 절하옵니다

지극한 마음으로

부처님께 부촉받은 십대제자 십육성 오백성

독수성 내지 천이백 아라한께 절하옵니다

지극한 마음으로

불법 전한 역대조사 천하종사 한량없는 선지식께

절하옵니다

지극한 마음으로

온 세계 항상 계신 거룩하신 스님들께 절하옵니다

다함없는 삼보시여

저희 예경 받으시고 가피력을 내리시어

법계중생 모두 함께 성불 하여지이다 (저두례)

우리말 반야심경

마하반야바라밀다심경

관자재보살이 깊은 반야바라밀다를 행할 때,

오온이 공한 것을 비추어 보고 온갖 고통에서

건너느니라.

사리자여!

색이 공과 다르지 않고 공이 색과 다르지 않으며,

색이 곧 공이요 공이 곧 색이니,

수 상 행 식도 그러하니라.

사리자여! 모든 법은 공하여 나지도 멸하지도 않으며,

더럽지도 깨끗하지도 않으며,

늘지도 줄지도 않느니라.

그러므로 공 가운데는 색이 없고

수 상 행 식도 없으며,

안 이 비 설 신 의도 없고,

색 성 향 미 촉 법도 없으며,

눈의 경계도 의식의 경계까지도 없고,

무명도 무명이 다함까지도 없으며,

늙고 죽음도 늙고 죽음이 다함까지도 없고,

고 집 멸 도도 없으며, 지혜도 얻음도 없느니라.

얻을 것이 없는 까닭에 보살은 반야바라밀다를

의지하므로

마음에 걸림이 없고 걸림이 없으므로

두려움이 없어서,

뒤바뀐 헛된 생각을 멀리 떠나

완전한 열반에 들어가며,

삼세의 모든 부처님도 반야바라밀다를 의지하므로

최상의 깨달음을 얻느니라.

반야바라밀다는 가장 신비하고 밝은 주문이며

위없는 주문이며

무엇과도 견줄 수 없는 주문이니,

온갖 괴로움을 없애고 진실하여

허망하지 않음을 알지니라.

이제 반야바라밀다주를 말하리라.

아제아제 바라아제 바라승아제 모지 사바하 (3번)

신행 청규

1. 매일 삼보에 예경한다.
2. 지계, 참선, 염불, 간경, 보살행 등 자신에게 맞는 수행을 생활화한다.
3. 월 1회 이상 법회에 참석한다.
4. 귀 기울여 듣고 온화하게 말한다.
5. 날마다 한 가지 이상 선행을 실천한다.
6. 하루 천 원 이상 보시한다.
7. 만나는 사람마다 합장하고 공경한다.
8. 소욕지족의 정신으로 단순 소박하게 살아간다.
9. 월 1회 이상 이웃을 위해 봉사한다.
10. 수행일지를 기록하고 포살에 동참한다.

공동체 청규

1. 가족과 이웃, 도반을 붓다로 모신다.
2. 공감하고 칭찬 격려하며, 비난하지 않는다.
3. 먼저 인사하고, 환대한다.
4. 이웃 종교를 인정하고 존중한다.
5. 사회적 약자와 어려운 이웃을 보호하고 돕는다.
6. 내가 가진 것을 이웃과 나눈다.
7. 이웃과 마을을 위해 기도하고 봉사하며 참여한다.
8. 이웃의 아픔에 공감하고 실천한다.
9. 생명 평화와 정의를 위해 평화롭게 실천한다.
10. 육식을 줄이고 과식하지 않는다.
11. 물과 전기를 아껴 쓰고 쓰레기를 줄인다.
12. 가까운 거리는 걷고 대중교통을 활용한다.

신도교재 편찬위원회

위원장.　　일문 스님(법문사 주지)
위　원.　　법인스님(불교성전 기획위원), 원철스님(백년대계본부 불교사회연구소장),
　　　　　헤안스님(포교원 신도국장), 정운스님(교육원 불학연구소장), 김응철(중앙승
　　　　　가대학교 교수), 서재영(성균관대 초빙교수), 윤남진(NGO리서치 소장)
집필위원.　이미령(불교성전 기획위원), 목경찬(금강정사 불교대학교수)

사진 및 일러스트 목록(면수 기준)

© 하지권.　　　　　　　　　50, 51, 54, 55, 82, 83, 86, 114, 138, 147, 216, 222, 232~235, 237, 239,
　　　　　　　　　　　　　　　240, 245, 246, 248, 251, 253, 254, 266, 269, 270, 273, 274, 276, 277,
　　　　　　　　　　　　　　　279~281
© 대한불교조계종 문화부.　44, 49, 61, 64, 66, 67, 69, 72, 73, 76, 81, 168, 186, 294
© 문화재청.　　　　　　　　12, 256
© 한국불교문화사업단.　　 295, 296
© 김다정.　　　　　　　　　314, 318
© 국립중앙박물관.　　　　 282
© 대한불교조계종 사부대중 100인 대중공사.　284

| 2017년 개정 |

불교입문

초판　1쇄 펴냄　2017년　5월 26일
초판 22쇄 펴냄　2025년　1월 31일

엮은이.　대한불교조계종 포교원
발행인.　원명

펴낸곳.　(주)조계종출판사
　　　　서울 종로구 삼봉로 81 두산위브파빌리온 1308호
　　　　전화 02-720-6107 I 팩스 02-733-6708
　　　　출판등록 제2007-000078호(2007. 04. 27.)

구입문의.　불교전문서점 향전(www.jbbook.co.kr) 02-2031-2070

© 대한불교조계종 포교원, 2017
ISBN 979-11-5580-087-4　03220